현대 사회와 인문학적 **상상력**

서강대학교 국제지역문화원
인문세미나 교재개발위원회

서강대학교 출판부

발 간 사

우리는 오늘날 하루가 다르게 급변하고 있는 현실을 살아가고 있다. 그리고 세계의 급변과 더불어 인문학의 위상 또한 점차 문제적인 것이 되고 있으며, 인문학의 위기라는 말이 유행처럼 번지고 있다. 현대 사회에서 인문학이 위기에 처하게 된 원인 중 하나는, 인문학이 인간과 사회에 대한 종합적이고도 깊이 있는 이해를 지향해야 함에도 불구하고, 좁은 의미의 분과 학문으로 나뉘어 사회가 요구하는 종합적 전망을 제공하지 못했기 때문이라고 할 수 있다.

우리는 현대 인문학이 처한 이런 위기가 고급 지성을 양성해야 할 의무를 지고 있는 대학이, 세상의 변화에 부응하는 인문학 교육을 제공하지 못했다는 사실과도 긴밀히 연관되어 있다고 판단한다. 국내는 물론 세계적인 차원에서 진행되고 있는 환경의 변화와 맞물려 대학이 제공해야 하고 또 제공할 수 있는 인문학 교육의 모델 수립이 절실히 요구되는 것은 바로 이런 맥락에서인데, 이 선집은 이와 같은 문제의식에서 앞으로 이루어져야 할 인문학 교육의 바람직한 방향과 내용을 모색하기 위해 만들어졌다.

이 책에는 오늘날 우리 사회를 분석한 글에서부터 현대 사회의 이해에 요구되는 새로운 전망들, 그리고 더 나아가 자국을 넘어 아시아와 유럽에 대한 새로운 이해를 촉구하는 글에 이르기까지, 학제적 테마에 속하는 여러 편의 글들이 수록되어 있다. 이 글들이 변화된 시대에 부합하는 새로운 인문학적 전망을 요구하는 학생들에게 좋은 자양이 되기를 바란다. 아울러 이 책은 2006학년도 교육부의 수도권 대학 특성화 지원 사업의 지원을 받아 간행되었음을 밝히며, 사업 주체인 서강대학교 국제지역문화원은 앞으로도 이와 같은 학제적 문제를 심층적으로 천착해 들어가는 안내서들을 계속 간행할 것을 약속드린다.

서강대학교 국제지역문화원 현대인문세미나 편찬위원회

차 례

우리에게 서구(西歐)란 무엇인가

강정인
정치외교학과

국어사전에 나오는 서구의 뜻

국내의 주요 국어사전을 간략히 조사해보면 '서구'에 대한 뜻풀이는 지리적 외연을 중심으로 이루어지고 있다. 이희승의 『국어대사전』(1999, 1975쪽) 등 국내 주요 국어사전들은 '서구'를 뜻풀이할 때, 대체로 아래의 순서를 지키면서 설명하고 있다.

> 서구(西歐) : 1. 구주(歐洲)와 미주(美洲)의 통칭
> 2. 구라파의 서부 제국(諸國) 또는 서유럽

'서구'라는 번역어가 일본이나 중국을 통해 국내에 수입되었건, 아니면 우리 스스로의 옮김을 통해 국내에 통용되었건, '풀이 1'에 해당하는 영어는 '웨스트(West)'이고 '풀이 2'에 해당하는 영어는 '웨스턴 유럽(Western Europe)'이다. 이렇게 볼 때 '서구'에 대한 국어사전의 뜻풀이는 '지리적' 의미로 한정되어 있다. 그리고 근대 서구 문명이 보급된 지역을 첫 번째 뜻으로, 근대 서구 문명의 기원을 형성하는 서유럽 지역을 두 번째 뜻으로 배열하고 있다. 그렇지만 '구주(歐洲)와 미주(美洲)의 통칭'이라는 첫 번째 뜻풀이는 지리학적 개념을 떠나 근대 서구 문명이 보편적인 생활양식으로 자리 잡은 지역 – 예를 들어, 미주 지역 등 – 을 명시적으로 포함함으로써 어느 정도 문화적 요소를 가미하고 있는 것으로 보인다.

하지만 아쉽게도 국어사전의 뜻풀이는 우리가 일상생활에서 '서구'라는 낱말에 대해서 품게 되는 느낌, 이미지, 가치 평가 등을 제대로 전달하

지 못하고 있다. 흔히 우리말에서 '서구적'(또는 '서구식')이라는 말은 '고급의', '합리적인', '세련된', '서구(인)와 같은' 등의 의미를 지니고, 대체로 '우월한(또는 발전된) 생활양식이나 소비 패턴, 취향 또는 용모 등'을 가리키는 말로 사용된다. 『오리엔탈리즘의 해체와 우리 문화 바로 읽기』(1997)라는 책을 펴낸 우실하는 한국 대학생들의 일반 의식에서 '서양적'과 '동양적'이라는 단어의 의미와 이미지의 이항 대립적 관계를 조사한 바 있다. 그의 조사에 따르면 '서양적'은 긍정적으로는 '합리적', '이성적', '과학적', '진보적', '논리적', '활동적'이라는 의미를 띠며 부정적으로는 '물질적', '제국주의적'이라는 의미를 띤다. 그러나 '동양적'이라는 낱말은 긍정적으로는 '정신적(?)', '명상적(?)'이라는 의미를, 부정적으로는 '비합리적', '비이성적', '비과학적', '정체적', '신비적', '미신적', '고요한(?)', '명상적(?)'이라는 의미를 띠고 있는 것으로 나타난다(우실하, 1997:42~43).[1] 그렇다면 어떻게 해서 '서구적' 또는 '서양적'이라는 낱말에는 긍정적 의미가 우세하고, '동양적'이라는 말에는 부정적 의미가 우세하게 되었는가? 우리에게 '서구'란 무엇인가?

자랑스러운 대한민국, 자랑스러운 이유는?

'우리에게 서구란 무엇인가'라는 문제를 생각해보기에 앞서, 다소 역설적으로 여겨지지만, '서구'를 긍정적으로 바라보는 우리들의 집단적 정체성을 구성하는 '자랑스러웠던' 대한민국의 모습에서부터 이야기를 풀어

1 여기서 물음표는 그 단어의 의미가 긍정적인지 부정적인지 불명확하다는 점을 시사한다.

나가려고 한다.

온 국민이 '대~한민국!'을 외치며 열광했던 2002년 월드컵. 대한민국은 붉은 물결로 하나가 되어 잇단 승리에 환호했다. 급기야 한국이 4강에 진출하자 '아시아의 자존심(Pride of Asia)'이라는 구호도 등장했다. 당시 감격에 겨워 연일 보도되었던 기사들을 살펴보면 대한민국을 자랑스러워하는 외침들 사이에 자리 잡고 있는 은밀하고 공공연한 비밀이 드러난다. 당시의 감격을 되살리면서 그때의 외침들을 읽어보자.

"아시아 최초의 4강 진출국 대한민국, 당당히 실력으로 변방에서 중심으로 우뚝 선 자랑스러운 이름입니다."

"오랜 세계사에서 늘 변방에 있던 우리는 이제 중심에 우뚝 설 수 있는 힘을 각인시켰다."

"이제 축구만이 아닌 모든 분야에서 주변국이 아닌 중심국으로, 세계 속에 당당한 대한민국이 되어야만 합니다."

"태극전사들의 투혼이 유럽의 강호들을 격침시킬 때마다 '한국은 안 돼' 라는 열패감을 말끔히 씻게 되었습니다."

"많은 해외 동포들도 계속 터지는 월드컵 승전보와 함께 고국이 세계의 변방에서 중심으로 다가서고 있다는 확신에 차 있습니다."

"분단국 정도로만 알려졌던 고국은 이제 더 이상 부끄러운 꼬리표가 아닙니다."

우리의 은밀하고 공공연한 비밀은 바로 우리는 변방이고 서구는 중심이라는 변방 콤플렉스다. 대한민국이 자랑스러운 이유는 축구로나마 '변방에서 중심으로' 이동했다는 데서 오는 만족감 때문이고, 이러한 만족감의 밑바닥에는 뿌리 깊은 '변방 콤플렉스'와 '한국은 안 돼'라는 열패감, '분단국 정도로만 알려졌던 고국이라는 부끄러운 꼬리표'가 자리 잡고 있었다. 자기가 속한 집단의 부정적 정체성과 같이 '공공연한 비밀'은 발설하지 않는 것이 사회의 불문율이지만, 그것을 발설해도 좋은 때가 있다면 이처럼 '자랑스러운 한국'을 떠들 수 있는 경우다. 서구가 중심이고 우리(한국)는 변방이라는 변방 콤플렉스가 한국 현대사에서 이렇게 공공연하고 적나라하게 드러난 적은 없었다. 어느 정도 변방 콤플렉스를 벗어던졌다고 생각하며 자랑스럽게 떠들어대던 바로 그 순간, 우리는 우리 내면에 깊게 깔려 있는 변방 콤플렉스를 부지불식간에, 그것도 부끄럼 없이 폭로하고 있었던 것이다.

서기 2007년, 동경 127.5도에 위치한 대한민국

2007년 봄 학기, 우리의 수업은 화요일과 목요일 오전 11시 30분에 시작한다. 우리가 서 있는 위치는 동경 127.5도, 극동 지역의 대한민국이고 지금은 2007년이다. 그다지 흠잡을 것 없어 보이는, 우리의 시공간을 서술해보았다. 하지만 우리가 쓰고 있는 시공간적 개념은 모두 서구 문명에 의해 조형되었다.

먼저 우리의 시간과 위치는 유럽(영국)을 중심으로 한 경도(經度) 설정 및 표준시의 개념에서 시작한다. 이에 따르면 경도 0도인 영국의 그리니치 천문대를 기점으로 할 때 서울은 동경 약 127.5도에 위치하고, 한국의 시간대는 표준시인 영국보다 아홉 시간 빠르다. 따라서 영국이 지금 자정이라면 한국은 아침 9시다. 마찬가지로 영국(유럽)을 중심으로 아시아는 근동(Near East), 중동(Middle East), 극동(Far East) 지역으로 분류되었고, 오랫동안 한·중·일 3국은 '극동' 지역에 속했다.[2]

우리가 연도를 인식하는 방식 역시 서구 문명의 핵심 종교인 기독교의 창시자 예수의 (추정된) 탄생 연도를 기준으로 셈한 것이다. 따라서 금년은 서기(西紀) 2007년으로 표기된다. 하지만 단군 신화에 따라 우리 민족이 최초로 건국한 고조선의 건국 시기부터 연도를 셈하는 방식에 따르면, 금년은 단기(檀紀) 4340년에 해당한다. 요즘 세대들 가운데는 1961년 5·16 군사 쿠데타 이전에는 우리의 연도를 단기로 표기했다는 사실을 잘 모르는 이들이 많다. 이웃 나라 일본은 국제적으로는 서기를 사용하지만, 국내에서는 현재 천왕의 즉위를 기준으로 한 헤이세이(平成)라는 연호를 훨씬 많이 사용한다.

하지만 '지구(地球)'라는 명칭이 의미하듯 우리가 살고 있는 지구의 표면인 세계에 중심이 따로 있는 것은 아니다. 중심을 어디에 놓느냐에 따라 서양(또는 서방)과 동양(또는 동방)이 달라지고 중심과 주변이 달라지는 것이다. 조선 시대까지만 해도 우리의 선조들은 '하늘은 둥글고, 땅은 평평하다'는 사고[천원지방설(天圓地方說)]에 따라 세계(천하)에 중심이 있다고 생각했다. 나아가 그 중심에 중국이라는 나라가 있고, 거기에는 세계의 황제인 천자(天子)가 살고 있다는 중화주의적 세계관을 받아들였다. 그러나 조선 후기의 선각적 지식인들은 서학의 영향을 받아 지구가 둥글다는 지구 구형설을 수용했다. 나아가 실학자 홍대용은 지구가 둥글기 때문에 중심이 따로 있는 것은 아니며, 중화주의에 따라 중국과 주변 국가를

2 요즈음 영어권에서는 극동 대신 '동아시아(East Asia)' 또는 '동북아시아(Northeast Asia)'라고도 부른다. 이 명칭이 지리적으로 더 중립적이고 합당한 것으로 여겨지기도 한다. 그러나 이는 동아시아를 단순히 극동으로 부르기 어려웠던 미국 학계의 영향 때문이기도 하다.

문명과 야만(오랑캐)으로 구분하는 것은 잘못된 사고라고 주장했다.

지구 구형설은 근대 서구 문명의 과학 이론으로 출발했지만 이제는 모두가 받아들이는 사실(또는 상식)이 되었다. 따라서 중심과 주변의 구분은 마땅히 없어져야 한다. 이처럼 엄연한 지리적 현실에도 불구하고 우리의 정치 · 사회에는 중심과 주변이 존재하고, 그러한 사실이 심상(心象) 지리에도 투영된다. 우리가 무의식적으로 받아들이는 서구 중심적 세계관에 따르면, 서구 문명은 항구적으로 세계의 중심에 존재하고 여타 세계는 서구의 불완전한 반영이자 잔여물로서 세계의 주변에 존재한다. 이렇게 서구인들은 자신들의 이미지에 따라 근대와 세계를 (재)창조하면서 시공간적 개념의 중심에 선 것이다.

킹카와 폭탄을 몇 초 만에 나누는 방법

오늘날 서구 문명의 영향력은 우리가 살고 있는 시공간적 개념을 조형한 것에만 그치지 않는다. 아름다움을 판단하는 기준에서 선하고 악한 것을 나누는 가치 판단, 중심과 주변을 가르는 기준에 이르기까지 거의 모든 방면에 걸쳐 강력한 영향력을 행사하고 있다. 미팅에 나가 몇 초 만에 폭탄과 킹카를 가르는 기준에도 서구 중심적 미의 기준이 군림하고 있다.

세계의 미인을 선발하는 미스 유니버스 대회의 선발 기준도 우리의 미팅 자리에서의 그것과 별반 다르지 않다. 그 기준이란 다름 아닌 늘씬한 다리, 잘록한 허리, 풍만한 가슴, 오뚝한 콧날, 시원스러운 눈매 등이다. 이는 물론 여성에게만 국한되는 기준은 아니다. 한동안 유행했던 '롱다리', '숏다리'라는 말이 상징하듯이 키가 작아 '늘씬하게 뻗은 다리'를 갖지 못한 남성들 역시 '숏다리'의 비애에 시달려왔으며, 한때 키 높이 구두가 히트 상품이 되기도 했다. 자연스러운 동양적 얼굴을 가진 모델은 오히려 '개성' 있는(?) 얼굴이 되고 동양인의 얼굴에 가까울수록 추남, 추녀의 꼬리표를 갖게 된다. 아이들이 가지고 노는 인형들 중에도 한국인을 모델로 만든 인형은 거의 없다. 한국인을 모델로 한 인형은 외국 관광객의 시선을 붙들기 위해 기껏해야 토산품 가게 한구석을 장식하고 있을 뿐이다.

서구적인 것	동양적인 것, 한국적인 것
세계	지방
보편적이고 정상적인 것	특수하고 국지적인 것
합리적이고 선한 가치	비합리적이고 모순된 가치
아름다운 것	추한 것

'서구적인 것'은 보편적이고 정상적인 것으로 받아들여지는 반면 '한국적' 인 것, '동아시아(동양)적인 것'은 특수하고 국지적인 것으로 받아들여지는 현상이 우리의 대세적 현실이다.

또한 서구는 '세계'이고 우리는 '지방'이다.[3] 1990년대 말 외환 위기 이후 초래된 경제난으로 인해 온 국민이 시름에 잠겼을 때, 우리 모두는 스포츠 영웅 박세리와 박찬호가 세계(미국)의 프로 골프와 프로 야구 무대에서 이름을 떨친 것에 열광적으로 흥분하고 그들의 거취에 많은 관심을 쏟았다. 잘 알다시피 우리나라 프로 야구의 챔피언 결정전은 '한국 시리즈'이지만 미국 프로 야구의 챔피언 결정전은 '미국 시리즈'가 아니라 '월드 시

3 물론 전통 시대에는 중국에 비해 조선이 지방이었다. 일례를 들면, 조선의 사신이 중국 황제에게 진상하는 특산물은 '방물(方物, 조선을 중심인 중국에 대해 지방으로 자처하고 붙인 이름으로 지방의 특산물이라는 뜻),이라고 불렀다. 또 조선어는 '방언(方言)'이라고 불렀다.

리즈'로서 월드컵 축구처럼 전 세계인의 이목을 집중시키는 경기가 된다.

축구나 야구와 바둑을 대조해보는 것도 흥미롭다. 바둑은 한·중·일 동아시아 삼국인들이 가장 잘하는 게임이다. 따라서 동아시아 3국의 일류 프로 기사들이 참가하는 기전을 우리 역시 '세계' 바둑 대회로 부르는 데 주저하지 않는다. 또 그 기전에서 우승한 기사는 세계 챔피언의 영광을 누리게 된다. 다만 아쉬운 점은 월드컵이나 월드 시리즈처럼 전 세계인의 이목을 집중시키지는 못한다는 사실이다. 따라서 이창호, 조훈현 등 한국 프로 기사가 세계 바둑 대회를 제패해도 박세리나 박찬호가 미국 프로 대회에서 뛰어난 성적을 거두었을 때만큼 온 국민이 열광하지는 않는다. 미국을 비롯한 서구는 세계의 중심에 놓여 있고, 한국이나 동아시아는 아직까지 변방에 있기 때문이다. 서구인들이 잘하거나 우월한 분야에서 우승하는 것은 세계적인 사건이지만 태권도나 바둑처럼 한국인이나 동아시아인들이 본래 잘하거나 우월한 분야에서 우승하는 것은 세계인(=서구인?)의 주목을 받지 못하는 여전히 '지역적' 또는 '국지적' 사건일 뿐이다.

서구적인 것은 단순히 보편적인 것에만 그치지 않는다. 우리의 일상생활에서 '진실한 것', '선한 것', '아름다운 것' 들의 원산지는 거의 모두 서구다. 우리 청소년들이 많이 읽는 세계 위인 전집이나 문학 전집에 나오는 위대한 영웅, 과학자, 정치가, 탐험가, 예술가 들은 대부분 서구인이다. 우리의 자존심을 달래기 위해 한국인들도 더러 포함되기는 하지만, 그래도 비서구 지역의 인물들은 찾아보기가 매우 힘들다. 이 밖에도 '세계어'가 된 영어는 이제 우리의 일상생활에서도 매우 친숙하게 사용된다. 대학의 많은 신입생들은 '실러버스(syllabus)'라는 꽤나 어려운 영어 단어에 친숙해지면서 대학 생활의 지적(?) 분위기를 체감하기 시작한다. 한국 자동차 회사가 만든 자동차는 거의 모두 – 일부는 한국 이름을 영어화한 경우도 있다 – 영어로 된 이름을 가지고 있다. 거리의 음식점, 술집, '카페' 등의 간판도 외래어 일색이다.

서구를 세계의 중심으로, 서구인을 세계인으로 인식하는 한편 우리를 변방 또는 주변으로 인식하게 된 것이 그리 오래된 일은 아니다. 과거 일제 강점기만 해도 한국인이나 일본인은 서구 중심적 세계(관)에 완전히 편입되어 있지 않았기 때문에 1914~1918년에 걸쳐 '유럽 열강이 자신들끼리 크게 싸운 전쟁'을 '구주대전(歐洲大戰)'이라 부르기도 했다. 그러나 해방과 분단 이후 서구 중심적 세계관에 깊숙이 통합된 결과, 오늘날의 한국인들은 그 전쟁을 서구인들의 호칭에 따라 '1차 세계대전'이라 부르게 되었다. 최근에는 미국이 북한을 비하해 부르는 호칭을 따라 북한을 '불량국가〔또는 깡패 국가(rogue state)〕'라고 부르는 학자들도 더러 있다. 어쩌면 '악의 축'이라고 부르지 않는 것만도 다행으로 생각해야 할는지도 모른다.

이러한 사실은 민족주의와 국가 주권의 원칙이 의연하게 지배하는 정치 세계에서도 예외가 아니다. 1991년 초 이라크와 미국 사이에 제1차 '걸프전'이 일어났을 때, 국내 방송사들은 아무런 편집이나 정리 없이 미국의 케이블 뉴스 방송(CNN)을 거의 그대로 방영했다. 그리하여 미군을 '아군'이라 표현하는 등, 마치 '미국의 소리'의 일방통행로가 된 듯한 느낌을 주었다. 텔레비전 보도는 물론 주요 일간지 역시 독자적 시각을 결여한 채 서구의 매체에 의존하여 보도했기 때문에, 상당수 국민들은 미군이 이라크군을 이기자 '우리'가 적군을 무찌르고 전쟁에서 승리하는 듯한 착각에 빠지기도 했다.

철학 개론 시간은 복잡한 서구 용어 외우는 시간?

서구중심주의는 일상생활에만 국한된 현실이 아니라 우리 학계의 지배적인 현실이기도 하다. 우리 학계에서 서양 철학은 '철학'이라는 보편(보통) 명사의 지위를 누리고, 전통 철학은 '한국' 철학 혹은 '동양' 철학이라는 특수 명사가 된 지 오래다. 물론 이는 철학에만 해당하는 현상은 아니다. 서구에서 수입된 모든 학문의 경우에 두루 해당한다. 예를 들어 대학에서 강의하는 '미술사'는 대개 서양 미술사이고, 한국 미술사는 '한국'을 접두어로 붙여서 강의한다. 마찬가지로 서양 음악이나 서양 의학은 '음악'이나 '의학'으로 보통 명사화하여 부르고, 한국 음악이나 한국 의학은 '국악'이나 '한의학'(또는 '동양의학')으로 특수 명사화해 부른다. 이러한 사정은 정치 사상 분야에서도 마찬가지여서, 대부분의 대학에서 정치 사상은 '서양' 정치 사상을, 전통 사상은 한국 정치 사상 또는 동양 정치 사상을 지칭한다. 나아가 한국 정치학계에서 상당수의 정치학자들은 한국 현실에서 문제를 도출하여 이론화하기보다는 서구 학계에서 유행 중인 이론이나 방법론을 수입하여 유포하는 데 몰두하는 경향이 강하다.

그리하여 고려대학교에서 철학을 강의하는 이승환 교수는 "수입품이라면 앞뒤 안 가리고 사들여야만 직성이 풀리는 졸부 사모님들과 서양 사조라면 일단 보편적 진리로 인정하고 무작정 수입해 들이는 학자들의 태도는 다른 것이 무엇인가?"라고 질타한 바 있다(이승환, 1997:184), 연세대학교에서 탈식민주의에 대해 강의하는 조혜정 교수 역시 이러한 한국 지식인 사회의 식민지적 현실을 "자신의 문제를 풀어갈 언어를 가지지 못한 사회, 자신의 사회를 보는 이론을 자생적으로 만들어가지 못하는 사회"라고 비판한 바 있다(조혜정, 1995:5. 22).[4]

이러한 현상은 역사 교육에서도 반복된다. 19세기 초반 미국의 이른바 '먼로 독트린'은 미국과 유럽이 상호 간섭해서는 안 된다는 의미를 담고 있다는 점에서 '고립주의' 또는 '불간섭주의' 외교 정책을 표명한 것이었다. 그러나 19세기 후반 미국은 동아시아 및 태평양권에 진출하여 일본과 조선에 대한 군함 외교, 필리핀과 하와이의 식민지화, 중국에 대한 문호개방 요구 등 팽창주의적이고 개입주의적인 정책을 적극 추진했다. 곧 먼로 독트린이 강조한 불간섭 및 고립은 미국과 유럽 상호 간의 관계에 적용하고자 의도된 것이지 아시아 등 비유럽권에 적용하려는 의도는 아니었다. 다시 말해 동아시아 국가들은 당시 미국의 팽창주의 정책에 따라 '불간섭'과 '고립' 대신 '침략'의 대상이 된 것이다. 그럼에도 불구하고 우리 스스로 그 정책을 '불간섭주의' 또는 '고립주의' 외교 정책의 대명사로 부르는 데 아무런 거리낌이 없다. 대체 누구에 대한 '불간섭'이고, 누구에 대한 '고립'이란 말인가?

굳이 미국의 외교 정책을 예로 들지 않고 우리나라에서 널리 사용되는 국사와 세계사 교과서를 읽더라도, 서구의 마법에 홀리지 않은 순진한 어린애의 눈에는 쉽게 보이는 '벌거벗은 임금님'을 우리는 알아채지 못한다. 왜 서구의 역사는 '고대-중세-근대'로 발전해왔는데, 우리나라의 역사는 '고대-중세-근세-근·현대'의 순서로 서술되어 있는가? 왜 서구와 우리의 역사 발전 단계는 이처럼 비슷한 것일까? 예를 들어 서구의 '봉건제'와 우리나라의 '고려' 사이에는 대체 어떤 공통점이 있기에 다 같이 '중세'라 불리는 것일까? 왜 서구 역사는 '근세'가 없이 '근대'로 직행했는데, 우리나라 역사는 '근세'인 조선 왕조를 경유해야 했는가? 우리나라 국사

4 조혜정은 이러한 현상을 특유의 재치로 "걸도는 글, 헛도는 삶"(1995:6)이라 표현했다.

교과서에 '이상하게' 느껴지는 시대 구분이 통용되는 것은 아마도 우리나라 역사의 전개 과정을 서구 중심적인 세계사 서술에 억지로 끼워 맞추었기 때문일 것이다. 교육을 많이 받은 우리의 눈에는 그러한 역사 서술이 반복 학습을 통해 이제는 아주 당연하게 느껴질지 모르지만, 순진한 어린애의 눈에는 매우 의아스러울 것임이 분명하다.

'서구'에서 '서구중심주의'로

지금까지 서술한 대로 우리가 '서구'에 대해 느끼는 복합적 감정, 그리고 '서구적인 것'이 보편적이고 우월한 것으로 우리에게 다가오는 원인을 이해하기 위해 나는 '서구중심주의'라는 개념을 사용하여 세계를 바라볼 것을 제안하고 싶다. 사실 서구중심주의라는 개념에 해당하는 현상은 대부분의 비서구인들이 오랫동안 경험하거나 목격한 것이지만, 개념 그 자체는 비서구 사회에서 고안된 것이 아니라 서구 학계에서 먼저 사용되어 왔다. 서구중심주의에 해당하는 영어로는 주로 '유러센트리즘(Eurocentrism)'이라는 단어가 널리 쓰인다. 유러센트리즘의 사전적 의미를 이해하기 위해 『옥스퍼드 영어사전 *The Oxford English Dictionary*』 [Vol. 5(1989), 442쪽]을 참조하면, 다음과 같은 뜻으로 풀이되고 있다.

> **유러센트릭Eurocentric : 유럽을 세계의 중심에 두거나 간주하는, 세계 문화 등에서 유럽 또는 유럽인의 최고 우월성을 상정하는.**

> 유러센트리즘Eurocentrism : 유럽을 자신의 세계관의 중심에 두는 생각이나 실천.[5]

위의 사전적 정의에 의하면 유러센트리즘은 유럽(Europe)과 자민족(문화)중심주의(ethnocentrism)의 합성어라 판단된다.

최근 적지 않은 서구 학자들이 서구중심주의를 주제로 한 논문이나 저술을 출간해왔는데, 학자들이 논의하는 서구중심주의는 대체로 다음과 같은 세 가지 명제로 구성되어 있다.

1. 서구우월주의 : 근대 서구 문명은 인류 역사 발전 단계의 최고 단계다. 여기서 서구 문명은 서유럽 국가들은 물론 유럽 문명의 가지인 미국, 캐나다 등의 국가들도 포함한다.

2. 서구보편주의 : 서구 문명의 역사 발전 경로는 서양뿐만 아니라 동양을 포함한 전 인류사에 보편적으로 타당하다.

3. 서구화 : 역사 발전의 저급한 단계에 머물러 있는 비서구 사회는 문명화(식민지 제국주의 시대) 또는 근대화(탈식민지 시대)를 통해 오직 서구 문명을 모방 · 수용함으로써만 발전할 수 있다(김세연, 1995:16~17).

여기서 우실하의 조사가 밝히고 있는 것처럼, 서구에 대해 우리가 '보편성'과 '우월성'을 인정하게 된 원인으로 서구중심주의라는 개념을 구성하는 '중심주의'가 이미 '서구' 개념에 스며들어 '서구'라는 낱말의 의미에 미친 영향을 생각해볼 수 있다. 우리가 오늘날 인간이 살고 있는 공간을 과거와 달리 '지방(地方)'이 아니라 '지구(地球)'라고 부르는 것에 이미

---

5 『옥스퍼드 영어사전』에는 'Europocentric'과 'Europocentrism'이라는 표제어에서 설명되고 있다.

'그 공간은 구형'이라는 지식이 전제되어 있듯 말이다. 비록 서구라는 단어가 서구중심주의라는 세계관보다 먼저 출현했겠지만, 나중에 출현한 서구중심주의(적 세계관)에 의해 서구라는 단어는 현저한 의미 변화를 겪은 것이다.

신토불이에서 촛불까지 : 전환기의 교차하는 흐름

그런데 흥미로운 사실은 1990년대 중반을 계기로 냉전의 종언, 경제 발전 및 민주화에 따른 한국인들의 고양된 자긍심 등에 힘입어 서구중심주의에 침윤된 우리의 삶이나 학문이 '의미심장한' 변화의 조짐과 함께 거대한 전환기를 맞이하고 있는 것처럼 보인다는 것이다. 서구 문물의 홍수에도 불구하고 한국인의 정체성을 찾고자 하는 노력들이 여러 영역에서 가시적으로 드러나고 있다. 또 오랫동안 잊혀졌거나 폐기되었던 전통적인 것에 대한 관심과 향수도 조심스럽게 소생하고 있다. 이러한 사실은 2000년에 출간된 『한국의 정체성』(탁석산 지음)이 장기 베스트셀러의 반열에 오른 사실에서도 확인된 바 있다.

전통적인 것, '한국적인 것' 또는 '우리 것'에 대한 관심과 향수는 전통식품이나 음료의 시장화 전략 성공, 우리 농산물 지키기 운동과 더불어 대두한 '신토불이(身土不二)'[6] 사상, '가장 한국적인 것이 가장 세계적인 것이다'는 대중적인 표어 등에서도 확인된다. 외래어의 홍수 속에서도 가게나 상점 이름에 '~방', '~마을', '~나라' 등 공동체적 정감을 가진 이름의

6 '신토불이'라는 용어는 일본에서 수입된 것이다.

사용이 증가하고 있다. 문화 영역에서도 1990년대 베스트셀러로 인구에 회자된 『나의 문화유산 답사기』나 기타 우리 역사에 대한 대중적인 작품들에 대한 관심이 고조되고 있으며, 텔레비전 강연이나 서적 구입을 통해 표출된 동양 사상에 대한 열풍 역시 간과할 수 없다. 게다가 동아시아권을 휩쓸고 있는 이른바 '한류 열풍' 역시 한국인의 문화적 자긍심을 높이는 데 크게 기여해왔다. 아울러 인간의 정서나 문화에 무감각한 듯한 기술 영역에서도 이른바 누룽지가 나오도록 밥이 눋는 밥솥, 삶는 세탁기, 김치냉장고 등 한국형 기술 제품이 큰 인기를 누리고 있다. 시민 사회 운동에서도 '아름다운 재단', '나눔경영', '환경지킴이' 등 친근하면서도 호소력 있는 문구와 이름들이 점차 늘어가고 있다.

정치에서도 이제 상당수 한국인들은, 특히 젊은 세대들은 과거와 달리 더 이상 미국 등 서구 국가들의 입장을 일방적으로 옹호하거나 지지하지 않는다. 이제는 많은 한국인들이 북한을 '악의 축'이라 부르면서 궁지에 몰아넣고 있는 미국 부시 행정부의 대북 정책을 적극적으로 지지하지 않는다. 2002년 말 가을, 미군 탱크에 의해 여중생 두 명이 사망하자 죽은 학생들을 추모하는 한편 이 사건에 대한 한국 정부와 미군 당국의 미온적인 처리에 항의하고 한미 주둔군 지위 협정(SOFA) 개정을 촉구하는 일련의 대규모 촛불 시위가 열리기도 했다. 이러한 사건에서 볼 수 있는 것처럼 현재 우리 사회에는 '해방의 은인'이자 서구 문명의 맹주국인 미국에 대해서도 평등한 양국 관계를 조성해야 한다는 민족적 자존 의식이 강렬히 꿈틀거리고 있다. 나아가 미·영 연합군과 이라크 사이에 제2의 전쟁이 발발했을 때에는 많은 한국인들이 전쟁에 반대하는 시위를 감행했고, 한국군 파병에 대해서도 거센 비난 여론과 시위로 노무현 정부를 압박했다. 텔레비전 방송이나 신문에서 전쟁에 대한 보도를 할 때에도 역시 미·영

연합군에 대해서는 비판적이고 이라크에 대해서는 동정적인 뉴스를 12년 전에 비해 훨씬 더 많이 내보냄으로써 보다 균형 있는 보도 자세를 보여주었다.

학문의 영역에서도 1970년대 중반 이후 서구에서 대두한 탈근대주의, 탈구조주의, 탈식민주의, 탈마르크스주의[7] 사조의 영향과 이슬람 원리주의 및 아시아적 가치론의 출현과 함께 서구중심주의에 대한 도전이 전 세계적으로 제기되고 있는 실정이다. 이러한 추세에 발맞춰 한국 학계에서도 1990년대 중반 이후 '동아시아 공동체', '동아시아 문화' 등의 명칭이 다양한 분야의 학술 모임을 장식하는 핵심 단어가 되어가고 있다(김광억, 1998:3). 이외에도 더 넓은 의미에서 학문의 서구중심주의를 극복하려는 시도가, 시간적 차이는 있지만 국문학, 철학, 사회학, 심리학, 역사학, 정치학 등 인문사회과학 전반에 걸쳐 폭넓게 확산되어가고 있다.

지금 우리 한국인들은 '전환기의 교차하는 흐름' 속에 서 있다. 우리는 적어도 지난 130년 동안 서구 문명의 제도, 관행, 가치 등을 수용하면서 서구 문명(서구적인 것)을 거의 자동적으로 보편적이고 우월한 것으로 받아들이는 세계관, 곧 서구중심주의를 내면화해왔다. 그러나 지난 10년 동안 이러한 태도가 잘못된 것임을 각성해가면서 한국 사회에서도 이를 극복하기 위한 노력이 다방면에서 진행되고 있다는 기운이 감지된다.

그런데 비록 이러한 변화의 기운이 감지되고 있기는 하지만, 우리의 삶

7 여기서 자세히 논할 수는 없지만, 탈근대주의는 근대성 담론의 중심성 및 특권성을 해체하고자 함으로써, 탈구조주의는 구조에 입각한 단일의 거대 역사가 서구 사회 내의 소수자-광인, 범죄자, 여성 등-를 소외시켰다는 비판을 제기함으로써, 탈식민주의는 이 두 사조의 영향하에 이전 식민지 국가의 지식인들이 주축이 되어 서구 문명의 중심성을 공격함으로써, 그리고 마지막으로 탈마르크스주의는 저항 담론으로서의 서구 마르크스주의의 보편성 및 중심성에 의문을 던짐으로써, 전반적으로 서구중심주의에 대한 도전이라는 거대한 지적 흐름을 형성하고 있다.

과 앎에 깊숙이 자리 잡고 있는 서구중심주의에 대한 문제의식조차 아직까지 체계적으로 형성되지 못하고 있는 실정이다. 따라서 나는 학생들과 더불어 서구중심주의에 대해 다음과 같은 질문을 던지고 또 함께 생각해보고 싶다. 첫째, 서구중심주의는 무엇인가? 둘째, 서구중심주의가 우리에게 미친 영향 가운데 긍정적인 것은 무엇이고, 부정적인 것은 무엇인가? 셋째, 서구중심주의의 부정적 영향을 극복하기 위한 해결책은 무엇인가? 우리의 삶과 앎의 세계에서 서구중심주의를 극복한 실례는 무엇이고, 그 실례는 어떤 점에서 극복한 것인가?

참고 문헌

김광억, 「동아시아 담론의 문화적 의미」, 『정신문화연구』 21:1,70호(1998), 3~25쪽.

김세연, 『맑스의 비서구사회관 연구』. 서울: 역사비평사, 1995.

우실하, 『오리엔탈리즘의 해체와 우리 문화 바로 읽기』, 서울: 소나무, 1997.

이승환, 「누가 감히 전통을 욕되게 하는가?」 『전통과 현대』 여름호(1997), 176~197쪽.

이희승 편저, 『국어대사전』, 서울:민중서림, 1999.

조혜정, 『탈식민지 시대 지식인의 글읽기와 삶읽기 1』, 서울: 또하나의 문화, 1995.

탁석산, 『한국의 정체성』, 서울: 책세상, 2000.

The Oxford English Dictionary, Vol. 5, Oxford: Clarendon, 1989.

우리는 '아시아'를 제대로 말하고 있는가

원용진

커뮤니케이션학부

아시아 : 피동적 상상 공동체

아시아에 대한 사전적 정의를 대할 때 곧바로 공허함을 느낀다. '지식까지 찾아준다'는 한 인터넷 포털 서비스의 힘에 기대어 아시아를 알고사 자판을 두들기면 다음과 같은 문장이 얼굴을 내민다. "아시아란 이름은 본래 그리스인(人)들이 그들 나라의 동쪽에 있는 나라들을 가리킬 때 사용한 아수(asu, 동쪽)라는 아시리아어(語)에서 유래되었다고 한다. 처음에는 고대의 동방, 즉 오리엔트를 가리켰으나 오늘날에는 우랄 산맥과 카스피 해(海)에서 동쪽으로 태평양 연안에 이르는 유라시아 대륙의 중부와 동부의 전 대륙을 포괄한다." 왜 이 같은 사전적 정의에 대고 공허하다는 느낌을 던지는가. 두 가지 이유를 들 수 있겠다. 첫째 이유는 이같이 내려진 정의가 아시아적 관점이 아니란 점이다. 사전적 정의는 그리스인들 혹은 그 후예들이 취한 아시아의 정의법을 따르고 있다. 그들이 발 딛고 있는 위치에서 바라보니 아시아는 동쪽에 있었을 뿐이지만 그 동쪽을 움직일 수 없는 진실인 것처럼 설명하고 있지 않은가 (인디언들이 만약 아시아를 알았더라면 서쪽에 있다고 말하지 않았을까?). 사전적 정의에서 공허함을 느끼는 두 번째 이유는 아시아가 균질적인 공간으로 처리되고 있다는 점 때문이다. 아시아는 아시아일 뿐 그 안에 있을 법한 차이는 중요하지 않거나 알아야 할 정보로 제공되지 않고 있다. 그들에게는 모두 쿨리(coolie)[1] 이거나 국(gook)[2] 일 뿐이다. 유럽에 대한 사전적 정의가 그

1 19세기 말부터 인신매매된 중국인들이 미국에서 노예에 가까운 생활을 해왔는데 그때 폄하해서 부르던 속칭이다. 아직까지 아시아인들을 인종 차별적으로 부를 때 국적과 관계없이 이 용어나 친크(chink)라는 용어를 사용하고 있다.

2 원래는 베트남인을 비하하는 속칭이었으나 서양인들이 동양인들을 구별 없이 폄하할 때 사용하고 있다.

렇게 꾸려져 있지 않음을 알게 되면 아시아에 대한 균질적 처리로부터 느끼는 공허감에 쉽게 동의할 수 있으리라.

목소리를 한 톤 낮추어 공허하다고 말했지만 그 같은 아시아에 대한 정의법은 기분 나쁨, 씁쓸함 이상의 의미를 지닌다. 아시아에 대한 보편적 정의법들은 아시아를 지칭하는 것이라기보다는 정의하는 자들의 이익을 드러내는 의도로 파악될 수 있다. 자신들과 현격한 차이를 지니고 있는 아시아를 설정하는 '아시아를 통한 우월성 드러내기' 의도를 지닌다. 그런 점에서 아시아에 대한 정의법은 권력(power) 형성 작업으로 읽을 수 있다. 권력 형성 작업은 언제나 권력의 대상을 만들고 그 대상에 대해 반응하는 방법들을 고안해낸다. 권력 형성 작업으로서의 아시아 정의법은 정의하는 작업을 넘어서서 아시아를 사고하는 법, 아시아를 바라보는 법, 아시아를 대하는 법, 아시아를 올라타는 법까지 담는 역동적 프로젝트라 하지 않을 수 없다. 이처럼 그들이 고안해낸 아시아의 대상화는 물질성으로까지 이어진다. 예를 들어보자. 그들이 아시아를 바라본다는 사실은 단순히 눈의 작용만을 의미하지 않는다. '왜 쳐다보느냐'로 시비가 붙음을 미루어보더라도 본다는 행위는 힘의 작용임을 부인키 어렵다. 강하다고 여겨지는 존재를 감히 부릅뜬 눈으로 볼 생각을 하진 못한다. 강한 자 앞에선 눈을 내리까는 편이 온전한 몸을 보전하는 데 도움이 된다. 여성을 대상화하는 남성의 시선을 둘러싼 시비 또한 권력 관계를 늘 동반해오지 않았던가. 사전적 정의에서 느꼈던 공허함 그리고 불쾌함은 어쩌면 서구의 권력, 공격 그에 대응하는 아시아의 수세적 움츠림 등과 같은 물질성이 내 몸에 전해져왔기 때문일 것이다.

아시아를 균질적 공간으로 처리하려는 태도에 대한 불만은 아시아를 통해 이익을 보려는 자들의 내적 강화 의도를 엿본 데서 비롯된다. 아시아가 하나임을 알리는 일은 균질된 아시아를 통해 자신들이 하나임을 알리는 것으로 이어지게 된다. 하나 된 자신의 바깥은 다 똑같은 타자(the other)임을 전하는 것이다. 중동이며, 동남아시아며, 극동 등의 호칭은 아시아를 다양하게 말하는 방법이 아니라 자신들의 위치에서의 원근을 이야기하는 것일 뿐이다. 균질적 아시아는 내적으로 하나 된 자신들과 그 바깥의 차이가 강조되는 효과를 내기 위해 동원된 도구인 셈이다. 외부에 대한 무시를 통해 내적 강화를 꾀하는 고도의 전술일 수밖에 없다.

공허함, 불쾌함을 드러내며 아시아에 대한 정의법에 반발하는 일은 새삼스러운 일이 아니다.[3] 이미 아시아는 서양이 내민 정의법에 오리엔탈리즘이라는 이름을 붙이며 강하게 의문을 표시해왔다. 그러나 이제 반발 이상의 노력이 요청되는 시점을 맞이하게 되었다. 서양의 아시아 정의법에 대해 공허함을 표시하는 만큼의 비중으로 새롭게 아시아를 정의하는 노력이 요청되고 있다. 과거 아시아에 대한 패권을 노리며 진행되었던 중국이나 일본의 아시아 정의법을 넘어서 아시아 지역 내의 소통과 평화 구축을 위한 새로운 아시아적 지혜가 필요해졌다. 그들에 반발하는 것을 넘어설 뿐만 아니라 새롭게 아시아를 정의하는 과제가 아시아에 주어졌다.

아시아는 서구 제국의 침탈 이래 아시아라는 공간을 스스로 설정하는 유용한 작업을 행해보지는 못했다. 혹 그런 적이 있었다 하더라도 서구의 정의법과 먼 거리를 두지 못했다. 아시아 스스로도 아시아를 대상화하거나 균질적 공간으로 파악함을 반복해왔다. 그 한 예로 유교 자본주의론을 들 수 있다. 일본을 선두로 동아시아 신흥 공업국(한국, 타이완, 홍콩, 싱가

3 오리엔탈리즘(orientalism)은 서양이 동양을 바라보는 특별한 방식을 의미한다. 대체로 서양은 오랜 역사 동안 사회적 무의식 속에 동양을 정복과 계몽의 대상으로 바라보는 방식을 펼쳐왔는데 이를 가리켜 오리엔탈리즘이라 부른다. E. Said, *Orientalism*, New York : Random House, 1978.

포르)들이 부상하고, 그 뒤를 이어 동남아시아의 타이, 말레이시아, 인도네시아가 경제 성장을 이루자 유교에서 성공 비결을 찾으려는 일련의 움직임이 있었다. 이어 중국이 시장경제에 뛰어들어 새로운 경제 강국으로 부상하면서 유교 자본주의론은 그 정점에 이른다. 아시아 경제 성장 모델은 값싼 노동력의 양적 팽창에 불과하다는 강력한 비판도 있었지만 그 기를 꺾진 못했다. 유교 자본주의론은 베버의 아시아에 대한 논의를 부정하며 출발한다. 서구의 프로테스탄티즘과 달리 유교에는 자본주의 발전을 자극할 만한 내적 계기가 결여되어 있다는 베버의 논의에 반기를 든다. 뚜웨이밍(杜維明)은 일본과 동아시아 신흥 공업국들은 구미 자본주의의 유형이나 소련 및 동구의 사회주의 유형과 구별된다고 주장한다. 아시아 모델이 구별되는 이유가 유교라는 문화적 공통 기반 탓이라고 설명했다. 하지만 아시아를 내적으로 균질하다고 본 유교 자본주의론은 아시아 국가들 내부의 불균질 테제, 즉 동남 아시아의 화교 문제 등에 막히자 주춤거리게 된다. 이어 아시아 경제가 기우뚱거리는 IMF 사태를 맞자 맥을 못추리게 된다. 기가 꺾이긴 했지만 유교 자본주의론은 아시아 또한 아시아를 균질적으로 보고자 하는 사고 틀에서 벗어나지 못하고 있다는 점을 여실히 보여준 한 바탕 지식 담론 해프닝이었다.

아시아를 대상으로 바라보는 정의법 또한 아시아 내부에서 빈번히 답습되어왔다. 아시아의 시각에서도 아시아는 공격(혹은 정복)의 대상이었고, 문제를 안고 있는 대상(yellow peril), 찾아가는 대상이었으며, 타자로서의 대상이었다. 영국, 미국, 네덜란드, 프랑스, 포르투갈의 대상이었듯이 아시아는 중국, 일본의 대상이었다. 서구의 아시아 대상화를 종식하자면서 일본은 서구를 흉내 내며 아시아를 정복의 대상으로 파악했다. 일본의 내적 강화를 위해 희생될 수도 있고, 희생되어야 하는 대상으로 아시아는 해석되었다. 일본의 아시아주의가 결국은 아시아 공영권으로 낙착되고 침략을 일삼은 제국주의적 기획으로 귀결되었음은 아시아 내부의 아시아 접근도 서구의 그것도 큰 차이를 보여주질 못했음을 증거하고 있다.

아시아의 아시아관도 결코 아시아적이지 않았다. 아시아를 균질적으로, 그리고 대상으로 사고한 서구의 그것을 빼닮고 있었다. 서구가 아시아를 균질적인 대상으로 파악한 작업은 이처럼 긴 역사를 거쳐 아시아의 아시아관까지 영향을 미치고 있었던 셈이다. 그 영향으로 이른바 아시아는 피동적 상상 공동체로 존재하고 있다. 결코 서양의 영향으로부터 자유롭지 못한 상상의 공동체였다는 점에서 아시아에 의해 만들어진 아시아는 피동적 상상 공동체였다. 스스로 자신을 규정하지 못하고 서구가 규정한 방식의 프리즘을 통해 자신을 규정해왔다는 말이다. 이는 지속적으로 자신을 대상화시킴으로써 얻게 된 일종의 '노예 정체성'이다. 결코 주체적이지 않을 뿐 아니라 종속적이기까지 한 정체성이다. "나는 타자에 의해 소유된다. 타자의 시선에 의해 나의 몸은 속속들이 꾸려지고, 나의 몸은 태어나고, 나의 몸을 조각하고, 현재의 모습대로 지속되게 하고, 나 스스로는 결코 보지 못할 방식으로 나의 몸을 본다. 그 타자가 나의 존재의 비밀을 쥐고 있다".[4] 노예 정체성은 피해받은 자로 하여금 도덕적 우월성을 갖게 해준다. 스스로를 희생자 혹은 약자로 규정짓는 노예 정체성은 '악한 강자'에 대비된 '도덕적인 약자'라는 안도감을 전해준다. 이 우월성과 안도감으로 약자와 노예는 강자에 상상적 복수를 행한다. 하지만 도덕적 우월성이나 상상적 복수는 자신의 삶을 긍정할 기회를 제공하지 못한다. 존재의 진정한 회복을 위해 꼭 필요한 노예 거부나 주인에 대한 인정 거부

---

4 I. Gendzier, *Frantz Fanon : A Critical Study*, New York : Pantheonn, 1973.

를 어렵게 만들 뿐이다.

유색 오리엔탈리즘(the colored orientalism)

아시아의 어려움은 바로 여기에 있다. 역사를 통해 형성된 피동적 상상 공동체, 노예 도덕, 노예 정체성이 아시아를 늘 이미 그대로 있는 것으로 파악케 만들어준다. 스스로 노예(선한 자)로 범주화하면서 노예 거부는 물론이고 주인에 대한 인정 거부를 행하지 않는다. 아시아를 균질적 대상에 놓음으로써 발생한 상흔인 노예 도덕, 노예 정체성, 피동적 상상 공동체는 연쇄적으로 또 다른 효과를 낳는다. 아시아 내부의 차이를 아시아 스스로가 주인의 눈으로 보는 일을 마다하지 않는 효과가 그것이다. 주인이 형성해놓은 오리엔탈리즘을 답습해낸다. 다른 식으로 말하자면 유색(colored) 오리엔탈리즘이라 부를 만한 것인데 이것은 어김없이 오리엔탈리즘, 그리고 그로부터 파생된 노예 정체성의 효과다.

아시아인들이 스스로 내부적 차이를 인식하게 되는 일은 근대화 이후라 하겠다. 그러나 불행히도 애초의 아시아 근대화는 일본의 식민 통치를 통해 이뤄진다. 이는 일본이 아시아를 근대화했음을 지칭하는 것이 아니라 일본의 근대화 가속을 위해 아시아가 이용됐다는 말이다. 이 계기를 통해 엘리트층의 이주와 노동자의 강제 이주(징용, 징병 등)가 시작된다. 일본이 아시아를 벗어난 근대화 즉 탈아입구(脫亞入歐)를 모토로 내건 근대화를 수행하고 있었으므로 일본의 영향권에 있던 아시아 근대화는 불가피하게 유색 오리엔탈리즘 성격을 지닐 수밖에 없었다. 일본에 유학했거나 경험한 엘리트층에서 그런 경향은 더욱 두드러졌다. 엘리트층의 이주와 함께 대중들의 이주가 동시에 발생했지만 식민 이후 이주를 경험했던 엘리트층이 아시아 사회를 이끌면서 유색 오리엔탈리즘은 아시아 사회 깊숙이 자리 잡게 된다. 차이에 대한 인식이 유색 오리엔탈리즘으로 채색되었기 때문에 노예 정체성의 반복과 재생산은 당연한 것이었다. 한국 사회의 엘리트들이 한국인들은 '엽전 근성'이 있으니 이를 고치지 않으면 안 된다는 언술을 자주 비치는 것도 유색 오리엔탈리즘의 일환이 아닐까.

식민 통치를 벗어난 후에 민족주의를 수반한 차이의 인식이 한동안 강하게 작용했지만 결코 유색 오리엔탈리즘을 탈색시키진 못했다. 영국의 식민 통치를 벗어난 인도, 일본의 혹독한 식민 통치에 대한 반작용으로 서구를 더 향수하게 된 동남아 일부 국가, 일본으로부터 벗어났다고는 하지만 일본의 탈아입구에 기댄 채 민족주의적 근대화를 추구한 한국과 타이완, 싱가포르 등은 유색 오리엔탈리즘을 그대로 담고 있었다. 식민 이후의 민족주의적 근대화 추구의 속내는 여전히 유색 오리엔탈리즘을 띠고 있었던 셈이다. 샐먼 루시디는 그의 소설 『한밤의 아이들』에서[5] 그 상황을 인도와 영국의 관계를 통해 잘 묘사하고 있다. 소설 시작 부분에서 아미나 시나이는 조산원에서 고통스럽게 분만을 준비하고 있었다. 같은 시간 같은 조산원의 한구석에서는 바니타라는 가난한 여인이 홀로 분만의 고통을 치르고 있었다. 바니타는 윌리엄 메스월드라는 한 영국인과의 정사로 뜻하지 않게 생긴 아이를 낳고 있었다. 상대자였던 메스월드는 동인도 회사 간부의 직계 후손임을 뽐내는 영국인이었다. 마침내 두 사람은 아이를 순산한다. 그러나 아이들은 출생하자마자 뒤바뀌게 된다. 마리 페레이라라는 약간 정신이 이상한 산파가 두 아이의 부모를 뒤바꾸어놓았던 탓이

5 S. Rushdie, *Midnight's Children*, London : Picardor/Pan Books, 1982.

다. 네루가 독립 인도의 아이라며 환호했던 살렘 시나이는 뒤바뀐 아이 즉 마지못해 인도 땅을 떠나는 식민 지배자 메스월드의 아들이었던 셈이다. 이 소설적 사건은 식민 직후의 근대를 사는 아시아인들의 조건을 우회적으로 이야기해주고 있다.

유색 오리엔탈리즘은 아시아에서 근대화가 본격적으로 진행되고, 아시아 국가 간 경제적 차이가 크게 벌어짐으로써 더욱 힘을 얻게 된다. 일본, 한국, 타이완, 홍콩 등으로 이주하는 아시아 노동자가 늘면서 아시아 내부의 차이에 대한 인식은 일상으로 다가오게 된다. 이주 노동자들이 형성해가는 가시적 공간(이주 노동자 공동체)과 그들이 가져오는 비가시적 문화가 유입국 대중들에 의해 인식되기 시작한 것이다. 유입된 차이는 수평적 것으로 인식되지 않고 수직적 서열로 인식되었다. 차이를 인식할 준비가 되어 있지 않았을 뿐 아니라 유색 오리엔탈리즘을 재생산하려는 태도 탓이다. 아시아 국가들은 당장 자신들에 필요한 인력에만 주목했을 뿐 인력들이 가져온 문화를 수직 서열의 사다리에 위치시키기에 분주했다.

캐슬과 밀러는 각국의 시민권 모델을 네 가지로 요약하고 있다.[6] 그들의 분류는 이민 정책, 귀화 정책 등 이주에 대한 공공 정책의 양상에 기반하고 있다. 그들이 제시한 첫 번째 모델은 이민에 대한 **비실체적 태도**를 가리킨다. 이는 시민권 모델이라기보다는 이주 공동체를 의도적으로 무시하는 정책을 의미한다. 이주 노동자를 정책에서 주변화하거나 배제하고 정치적으로는 그에 대해 침묵을 유지하는 태도다. 이로써 유입국 내부에서 국지적 인종주의, 차별주의가 성행하도록 방임하는 태도다. 둘째 모델은 **배타적 모델**이다. 이는 이주자의 법적 지위를 인정하기는 하지만 이민

6 S. Castles and M. Miller, *The Age of Migration : International Population Movements in the Modern World,* London : Macmillan, 1993.

유입국의 시민보다 낮게 취급한다. 귀화와 시민권 취득은 매우 제한적으로 이뤄지고, 이주자와 유입국 사회 간의 공식, 비공식 문화 교류는 불평등하고 소원한 관계를 이룬다. 세 번째는 **공화국-제국적 모델**인데 이는 혼성적인 형태를 띤다. 외국인 노동자나 유입국에서 태어난 이주 2세대보다 구식민지로부터 식민 모국으로 이주해온 시민들에게 좀 더 유리한 조건을 제공해주는 모델이다. 마지막 모델은 **다문화적 모델**인데 토양적으로 이주가 영구적으로 이뤄지고 시민권 취득이 보장되는 모델이다.

일본, 한국, 홍콩 등은 배타적 모델을 공공 정책으로 택하고 있다. 이주 근로자들은 그 정책 속에서 삶을 영위하게 된다. 이 같은 태도 혹은 모델 속에서 이주민들의 삶은 소수 민족 공동체를 이루기보다는 소수 민족 집단으로 꾸려진다. 흔히 이주 공동체는 민족 집단(ethnic minority)과 소수 민족 공동체(ethnic communities)로 나누어 설명된다.[7] 전자의 경우 노동 시장과 열악한 주거 환경으로 인해 주류 사회와 분리된다. 뿐만 아니라 심각한 사회, 문화, 정치적 배제를 경험한다. 이들은 방어적 토착적인 기존 사회로부터 주변화된 언저리 집단으로 존재하는 경향이 있다. 이때 토착 사회는 이주 집단에 온전한 시민권 또는 부분적 시민권마저 인정하지 않으며, 그들에게 온전한 위치를 부여하지 않는다. 이와 대조적으로 소수 민족 공동체는 이주자와 그 후손들을 다문화적 사회의 한 구성 요소로 간주한다. 그러한 다문화적 사회는 이주자들에 맞추어 자신의 문화적 정체성을 재형성할 용의가 있는 곳에서 존재한다. 아시아 내부에서 이뤄지는 이주, 그리고 주체인 이주민들은 대체로 비실체적 태도, 배타적 모델 그리고 소수 민족 집단 속에서 살아가고 있다. 그들의 삶이 그럴

7 W. McNeil, "Human Migration : An Historical Overviews," in W. McNeil & R. Adams (eds.) *Human Migration : Patterns and Policies*, Bloomington : Indiana University Press, 1978.

수밖에 없는 가장 굳건한 기반은 역시 아시아의 이주 유입국들이 견지하고 있는 유색 오리엔탈리즘이다.

'아시아 아시아'

아시아는 아직 아시아를 차이를 두고 볼 준비가 되어 있지 않다. 아시아는 여전히 자신과 그 밖의 아시아로 이분화되어 있을 뿐이다. 그것도 유색 오리엔탈리즘에 입각한 이분화에 가깝다. 비실체적 태도 혹은 배타적 모델의 이주 노동자에 대한 공공 정책을 가지고 있는 한 아직은 아시아를 바라볼 준비가 되어 있지 않다. 소수 민족 공동체로 대하지 않고 소수 민족 집단으로 대하는 태도를 지니는 한 아직 준비가 덜 되었다고 할 수밖에 없다. 한국 사회에서 아시아를 제대로 보자는 문화적 슬로건들이 여기저기 눈에 띄지만 어떤 준비를 통해 그런 작업을 하고 있는지 분명치 않다. 공영 방송인 KBS는 2006년 방송사 슬로건으로 '아시아의 창'을 내걸었다. 스스로 아시아를 들여다보는 창이 되겠노라고 시청자들에게 약속했지만 어떤 준비를 했고, 어떤 성과를 거두었는지 알 길이 없다. 같은 공영 방송인 MBC도 비슷한 슬로건을 내걸고 몇몇 프로그램을 통해 아시아를 아는 작업을 시행한 적이 있었다. 어떤 효과를 거두었을까.

제법 인기를 끌었던 MBC-TV의 야심찬 오락 기획 프로그램였던 「! 느낌표」 속의 '아시아, 아시아'를 앞서 펼쳤던 논의를 바탕으로 살펴보자. 교양적 오락을 펼치겠다는 이 꼭지는 일단 대단한 호응을 얻었다. 한국 바깥의 아시아를 둘러보는 기회를 제공했으며, 한국 속 아시아(이주 노동자)를 질문해볼 기회를 마련해주었다. 그들의 인권, 노동 환경 등에 대한 문제가 제기되고 있으며, 같은 아시아인으로 보자는 계몽적 언설들도 상당한 비중을 가진 채 제공되고 있으며 시청자들로부터 공감을 얻기도 했다. 그런 점에서 외견상으로 교양적 오락이라는 슬로건의 이름값을 하는 프로그램으로 여겨졌다. 그 프로그램의 홍보 문구를 보면 다음과 같다.

> "2002년 월드컵의 성공적 개최로 전 세계를 놀라게 한 한국의 힘! 세계 속의 한국!! 성숙한 대한민국을 위한 '박수홍·윤정수의 아시아! 아시아!' 외국인 노동자도 우리의 이웃입니다~ 코리안 드림을 안고 들어온 국내 체류 외국인 노동자 총 33만 명!!! 그러나 그들은 외국인 노동자라는 이유로 현재까지 근로자로서의 신분을 인정받지 못하고 있습니다! 그동안 외국인 노동자들에게 행한 인격적 차별을 반성하고, 외국인 노동자에게도 가족이 있다는 인간적인 접근을 통해 차별과 편견이 아닌 관용과 배려로 그들을 우리의 이웃으로 받아들이는 성숙한 대한민국을 만들고자 합니다. 32억 아시아의 중심! 대한민국!! '박수홍·윤정수의 아시아! 아시아!'가 시작합니다."

홍보 문구로 엿보자면 MBC가 견지하고 있는 이주 노동자들의 역사적 조건은 매우 단순하다. 그들은 아시아의 중심인 한국에 와 있지만 제대로 신분을 인정받지 못하고 있다. 여전히 인격적 차별을 당하고 있으므로 관용과 배려를 고민해볼 시점에 와 있다는 주장이다. 그런 점에서 보자면 '아시아, 아시아'는 이제 이주 노동자 문제를 더 이상 미룰 수 없는 임계점에 한국이 도달했다는 신호쯤으로 해석할 수도 있겠다. 이미 한국에는 전에 없는 인종 정경(ethno-scape)이 펼쳐지고 있다. 다양한 민족, 인종, 종교 집단이 주변에 자리 잡기 시작했고, 일상 안으로 들어왔다. 그들의 노동력이 소요되는 일부 지역에 한정되지 않고 널리 퍼져 있다. 새로운 인종 정경이라는 환경 변화를 두고 언론이 무심했을 리가 없다.

그동안 이주 노동자들은 언론 속에서 범죄자로 다뤄지거나 악덕 업주에 걸려 고생하는 동정의 대상으로만 다뤄졌다. 하지만 더 이상 과거의 이야기 방식으로 이주 노동자를 전달하는 일은 통용되지 않게 되었다. '아시아, 아시아'는 기존의 이야기 방식을 약간 비틀어 이주 노동자를 새롭게 다루고 있다. 그들도 가족이 있으며, 예전의 우리가 겪었을 법한 고통을 받고 있으니 다른 시각으로 보자며 권유하고 있다. 결코 제도를 크게 건드리지 않으면서 이주 노동자를 말할 수 있는 방법을 택했다고 할까. '외국인 노동자의 집'이 주최한 '외국인 이주 노동자와 한국인의 편견'이라는 토론회에서 그 프로그램의 연출자는 "제도를 언급할 경우 역효과가 있을 수 있기 때문에 감정에 호소하여 국민의 피부에 와 닿게 하는 일이 중요하다. 가족이라는 인류 보편적 감정을 통해 외국인 근로자도 우리하고 똑 같은 인간이라는 것을 보여줘서 외국인 노동자에 대한 시각을 바꾸자는 것이 기본 취지다"라고 발언했다. 다르게 말할 때는 되었지만 본격적으로 제도를 비판하고, 한국인 안의 유색 오리엔탈리즘을 말하기엔 이르기 때문에 점진적 접근이라는 전술을 택했다고 고백하고 있다.

고생해가며 이 같은 프로그램을 제작하고 있는 사람들은 좀 억울하겠지만 이 같은 시각은 여전히 유색 오리엔탈리즘이라는 한계에 머물고 있음을 지적치 않을 수 없다. 텔레비전 프로그램 속 이주 노동자들에 펼쳐지는 온정의 눈길이나 동정은 노예 도덕을 수반하고 있음을 인식해야 한다. 한국이 근대화 시기에 겪었던 과정을 이야기하면서 더 참고 기다릴 것을 은연중에 설파한다. 더 잘살기 위해서는 어쩔 수 없는 과정인 것처럼 말하는 셈이다. 60년대 독일로 일자리를 찾아 나섰던 광부, 간호원(당시에는 그렇게 불렸다), 70년대 중동으로 갔던 한국인들의 경험이 늘 프로그램에 반영되는 것은 결코 우연이 아니다.[8] 악덕 한국 기업주에 맞춰지는 포커스 또한 노예 정체성에 기반하고 있다는 혐의에서 벗어나기 힘들다. 악덕 기업주는 이주 노동자의 성실성과 정직성으로 고칠 수 있는 일탈로 그려진다. 한국인 시청자들은 이주 노동자들이 보여준 고통을 공감하며 눈물을 흘린다. 그리고 악덕 기업주에게 분개한다. 그럼으로써 이주 노동자와 시청자들은 자연스럽게 하나가 되고 악덕 기업주에게 상상의 복수를 꾀한다. 하지만 그들이 고통 당하고 있음을 알린 일 말고는 아무런 변화도 일어나지 않는다.

노예 도덕, 노예 정체성, 유색 오리엔탈리즘에 걸치고 있는 한, 이주 노동자에 대한 시선, 아시아에 대한 시선은 모두를 엉뚱한 방향으로 인도할 위험성을 안고 있다. 이주 노동자들의 인권에 대한 엄청난 사회적 관심을 이끌어냈다고 하더라도 이미 답을 엉뚱한 데서 찾고 있는 탓에 사태를 더욱 힘들게 할 공산이 크다. 온정주의에 기반한 사회적 여론은 이주 노동자 공공 정책 수정을 더욱 어렵게 할 수도 있다. 기업주들의 윤리 의식 높이기, 온정주의의 확산 등이 사회 여론을 주도할 경우 공공 정책을 본격적으로 수정하는 일이 더욱 힘들어진다는 우려도 가능하다. 여전히 프로그램 제작자들은 억울한 표정을 지을지 모르겠다. 시사 보도, 교양 프로그램에 던질 질문을 오락 프로그램에 던지고 있다면서 반발할 수도 있다. 그 반발은 장르에 대한 오독에서 비롯된다. 시사 보도, 교양 프로그램과 오락 프로그램은 서로 다른 장르일 뿐 서열적 관계 속에서 이해되어선 안 된다. 오락 프로그램이 오히려 시사 보도, 교양 프로그램보다 더 많은 이야기를

8 MBC 게시판에 한 시청자가 다음과 같은 글을 올렸다. "아시아 아시아를 보고 정말 감명받았습니다. 사실 저희 아버지께서도 해외 파견 나가셔서 일을 하신 적이 있었습니다 …… 항상 프로그램 보면서 우리 아버지도 저랬을 텐데 하면서 …… 눈물이 나더군요."

펼치고, 더 큰 영향력을 발휘할 수도 있다. 그런 점에서 오락 프로그램이라며 깊이 생각지 않은 채 아시아를 이야기하는 일은 노예 도덕 속으로 아시아 인식을 이끄는 일일 수도 있다. 사소해 보이는 텔레비전 프로그램에 큰 부담이 될 만한 주문을 하는 이유는 바로 거기에 있다.

아시아를 더 잘 말하기 위해서는 아시아를 아는 준비가 더 필요하다. 인도네시아에는 인종 문제로 고통받는 중국인들이 있으며, 인도인의 아시아 이주로 힌두교가 곳곳에 펼쳐져 있으며, 필리핀의 모슬렘은 전쟁 분위기에서 살아가고 있음을 보여주는 일 등이 더 시급하지 않을까. 프로그램 속의 윤정수와 박수홍이 그 일을 못할 리가 없다. '가여운' 이주 노동자를 내세워 눈물로만 말할 일도 아니다. 아시아를 아는 일은 궁극적으로 우리도 그들 속에서 살아야 하고, 그들도 한국 속에서 제대로 살고 싶어한다는 방식으로 이어져야 할 것 같다. 남들이 정해준 방식대로 아시아를 정의하고, 그를 통해 유색 오리엔탈리즘을 키워낼 일이 아니라, 아시아 방식대로 서로가 살아갈 수 있도록 아시아를 규정해 나가는 일이 바로 지금 우리에게 필요한 아시아 담론일 것이다. 당연히 어려운 일일 수밖에 없다. 노예를 벗어나는 일이 쉽다고 생각했다면 그것 또한 오산일 수밖에 없다. 존재의 회복을 위해 필요한 노예 거부, 주인에 대한 인정 거부는 참으로 어려운 일이다. 그래서 손쉬워 보이는 텔레비전 프로그램도 이렇게 어려운 방식으로, 생소한 용어들로 에둘러 말하고 있는 것 아닌가.

참고 문헌

최원식, 「탈냉전 시대와 동아시아적 시각의 모색」, 『창작과 비평』, 1993년 봄, 204~225쪽.

Castles and M. Miller, *The Age of Migration : International Population Movements in the Modern World,* London : Macmillan, 1993.

Gendzier, *Frantz Fanon : A Critical Study,* New York : Pantheon, 1973.

McNeil, "Human Migration : An Historical Overviews," in W. McNeil & R. Adams (eds.) *Human Migration : Patterns and Policies,* Bloomington : Indiana University Press, 1978.

Rushdie, *Midnight's Children,* London : Picardor/Pan Books, 1982.

Said, *Orientalism*, New York : Random House, 1978.

안락한 자연과 풍요로운 야만인

이덕환

화학과

오늘날 우리가 누리고 있는 현대 과학과 기술의 혜택은 이루 말로 표현하기 어려울 정도다. 역사상 처음으로 세계 인구는 65억을 넘어섰고, 평균 수명은 70세를 넘어섰다. 우리나라의 경우만 하더라도 지난 60년 동안 평균 수명이 무려 30세가 늘어났다. 우리 모두가 2년마다 1년씩 더 살게 되었다는 뜻이다. 더욱이 천연두처럼 정체를 알 수 없었던 치명적인 감염성 질병이 대부분 자취를 감춰가고 있다. 그야말로 진시황이 바라던 무병장수(無病長壽)의 꿈이 우리 모두에게 현실로 다가오고 있다. 그뿐이 아니다. 먹을 것이 넘쳐 나서 음식물 쓰레기에 의한 환경오염을 걱정해야 하는 형편이다.

그런데도 우리는 만족하기는커녕 더욱 심한 불안에 떨고 있다. 우리의 피나는 노력으로 이룩한 과학과 그것을 바탕으로 일궈낸 기술이 결국 우리로 하여금 신성한 신(神)에게 도전하고, 편안하고 안락한 보금자리인 자연을 정복하려는 검은 야욕(野慾)에 사로잡히게 만들고 있다는 것이다. 우리에게 혜택만 줄 것 같았던 기술이 오히려 엄청난 위험 요소로 변해버렸다는 인식이 빠르게 확산되고 있다. 급속한 산업화 때문에 생기는 지구 온난화로 기상 이변이 빈번해지고 있는 것도 그 결과라고 한다. 결국 과학과 기술의 발전으로 우리는 과거보다 훨씬 더 심각한 위험을 감수하며 살아가게 되었다는 것이다. 그래서 현대의 과학과 기술을 모두 버리고 '자연으로 돌아가자'는 주장이 설득력을 얻고 있다.

현대 과학과 기술에 대한 이런 부정적인 인식은 오늘날 우리 사회의 발전에 심각한 부담으로 작용하고 있다. 1990년대부터 급속하게 진행된 사회의 정치적 민주화가 사태에 따라 문제가 더욱 심각해지고 있다. 국민의 관심이 정치적 문제에서 사회 문제로 옮겨가고, 국민들이 사회 참여가 활발하게 되면서 환경과 대형 국가 개발 사업이 심각한 사회적 갈등과 분열의 요인이 되고 있다는 뜻이다. 원자력 발전소에서 배출되는 방사성 폐기물을 저장하고, 처리하기 위한 시설의 건립이 지연되고, 고속철 건설이나 대규모 간척 사업도 표류하게 되면서 우리 사회가 부담해야 하는 사회적 비용도 크게 늘어나고 있다. 인구 증가와 경제 규모의 확대에 따라 필요하게 된 국토 개발 사업이 현대 기술에 대한 부정적인 인식과 충돌하면서 새로운 사회적 갈등의 요인이 되고 있는 것이다. 물론 우리가 간절히 바라던 민주화는 그런 갈등과 낭비를 위한 것이 아니었다.

이런 갈등과 부작용의 가장 중요한 이유는 1950년대에 영국의 과학철학자 C. P. 스노 경이 주장했던 '인문 문화'와 '과학 문화'의 단절이다. 특히 우리 사회에서 인문학과 과학의 관계는 단순한 단절의 수준을 넘어 심각한 대립으로 변화하고 있다. 인문학은 '인간'을 대상으로 한다는 주장을 앞세워 '물질'을 연구하는 과학의 진정한 가치를 인정하지 않고, 과학은 인문학이 비생산적이고 소모적이라는 인식을 유지하고 있다. 우리 사회에서 인문학과 과학이 상대를 이해하고 인정하려는 노력은 찾아보기 어렵다. 그런 대립의 결과는 과학과 인문학 모두 치명적이다. 청소년들이 서로 화합하지 못하는 인문학과 과학을 모두 외면해버리고 있다. 과학계에서 우려하는 청소년의 이공계 기피와 인문학계에서 걱정하는 인문학의 위기가 바로 과학과 인문학의 오랜 대립이 가져온 결과다.

실제로 과학과 인문학은 우리가 애써 노력해서 이룩한 인류 문명을 떠받들고 있는 중요한 두 기둥이다. 어느 것이 다른 것보다 더 중요하거나 덜 중요한 것도 아니다. 어느 하나에 문제가 생기면 다른 하나도 의미를 잃어버리게 된다. 우리의 문화적인 생존과 번영이 과학과 인문학을 모두 필요로 한다. 우리가 터전으로 삼고 있는 자연을 합리적이고 논리적으로 이해하지 못하면 인간의 존재 의미와 궁극적인 목적을 찾아내는 일은 원천적으로 불가능해진다. 인간은 현실을 떠나서 존재할 수 없고, 그런 현실은 과학을 통해서만 정확하게 이해할 수 있기 때문이다.

현대의 심각한 사회 문제

지난 1만여 년 동안 우리 인류는 상상을 넘어서는 발전을 거듭함으로써 만물의 영장(靈長)으로 확실한 지위를 확보했다. 호모 사피엔스는 지금까지 지구상에 번성했던 수많은 생물종 중에서 가장 독특한 존재였다. 육체적으로는 다른 짐승들보다 조금도 나을 것이 없지만, 유별난 재능을 가진 덕분이었다. 우리 인간의 그런 재능이 본격적으로 빛을 내기 시작한 것은 지난 수백 년 동안이었다. 특히 지난 한 세기 동안 지구상의 인구는 10배 가까이 늘어났고, 평균적인 삶의 질도 몰라보게 향상되었다. 오늘날 우리가 역사상 가장 풍요로운 삶을 누리고 있는 것은 분명한 사실이다. 모두가 지난 한 세기 동안에 이룩한 현대의 과학과 기술을 바탕으로 한 현대 물질문명의 성과다. 그렇다고 우리가 꿈속에서 그리던 유토피아를 건설한 것은 아니다. 우리 삶의 질이 향상된 것과 함께 새로운 사회 문제가 여전히 우리를 괴롭히고 있다.

우선 지난 반세기 동안에 이룩한 '녹색 혁명'으로 식량 생산이 많이 늘어났다고는 하지만 세계에는 여전히 굶주림에 허덕이는 사람들이 많다. 식량의 원만한 공급을 어렵게 만드는 경제적, 정치적 요인을 완전히 제거하는 일은 영원히 불가능할 수도 있다. 더욱이 우리의 '녹색 혁명'이 언제까지 지속될 것인지는 아무도 확신할 수 없다. 이미 화학 비료와 농약에 의존하는 화학 농법의 심각한 부작용이 드러나고 있고, 새로운 생명 공학 기술을 이용한 유전자 변형 기술도 사회적으로 심한 반발을 불러일으키고 있다.

질병의 고통도 여전하다. 질병의 진단 기술이 획기적으로 개선되었고, 합성 의약품의 대량 생산으로 누구나 현대 보건 의술의 혜택을 받을 수 있게 된 것은 사실이다. 그러나 아직도 당뇨, 암, 심장 질환, 비만, 노인성 치매를 비롯한 난치병을 극복하지 못하고 있고, 후천성 면역 결핍증(AIDS)이나 급성 중증 호흡기 질환(SARS)과 같은 새로운 감염성 질병도 끊임없이 등장하고 있다. 전 세계적으로 평균 수명은 크게 늘어났지만 질병의 고통에 대한 불만은 오히려 더 심각해지고 있는 것이 사실이다.

사회적 불평등과 국가 간 갈등도 여전히 심각한 문제가 되고 있다. 오랜 노력으로 많은 사회에서 민주화가 이루어졌다고 하지만 경제적 불안과 불평등에 대한 불만은 오히려 더욱 늘어나고 있는 실정이다. 우리의 경우에도 '양극화'는 심각한 사회 문제가 되고 있다. 이데올로기에 의한 대립이 사라지고, 교통과 통신의 발달로 국가 간의 교류가 활발해지면서 급속한 세계화가 진행되고 있지만 지역적인 분쟁이나 자원 확보를 위한 국가 간 갈등은 오히려 더욱 심각한 수준으로 심화되고 있다. 더욱이 핵무기와 생화학 무기를 비롯한 대량 살상 무기 개발 가능성은 문제를 더욱 악화시키고 있다.

보건 위생 환경의 개선으로 실현되고 있는 평균 수명의 연장을 비롯한 삶의 질 향상의 결과가 모두 긍정적인 것도 아니다. 조직적인 산아 제한으로 인구의 가파른 증가 억제에 성공한 국가들이 이제는 절대 인구의 감소와 인구의 급격한 노령화로 심각한 고민에 빠져버렸다. 특히 60년대 이후로 산아 제한 정책을 가장 성공적으로 실시했던 우리나라의 경우에는 사정이 더욱 심각하다. 오늘날 우리 사회는 세계에서 가장 낮은 출산율과 가장 빠른 노령화 속도를 기록하고 있다. 2020년이면 우리의 절대 인구가 감소하기 시작할 것으로 예측되고 있다. 급격한 인구의 감소와 노령화는 사회의 경제력과 국방력을 약화시키는 심각한 불안 요인이 된다. 특히 아직까지 어느 나라도 노동 인구의 감소에 대한 확실한 대책을 마련하지 못하고 있다. 기업의 고용 제도와 정부의 사회 보장 제도가 근본적으로 수정되어야만 한다.

자연환경의 악화에 의한 수질과 대기 오염과 생태계의 교란도 문제가 되고 있다. 특히 생물종 다양성이 줄어들게 되는 것은 지구상에서 지금까지 진행되어왔던 생물의 진화에 엄청난 충격이 될 것이 분명하다. 결국에는 인간의 생존도 심각하게 위협하는 요인이 될 것이다. 특히 최근에는 전 지구적으로 일어나는 환경 변화에 대한 우려의 목소리가 높아지고 있다. 20세기에 들어 화석 연료의 소비가 급속하게 늘어나면서 지구 온난화가 가속되고 있다는 지적이 설득력을 얻고 있다. 기상 이변과 바닷물의 수위 상승에 따른 환경의 훼손이 심각한 문제가 되고 있다.

인구가 늘어나고, 급속한 산업화와 도시화에 따라 생활환경도 악화되고 있다. 건축 자재의 고급화와 에너지 공급의 용이함 때문에 현대의 주거 환경은 크게 개선된 것이 사실이지만, 택지의 공급이 극도로 제한되어 있는 대도시에서는 많은 주민이 그런 혜택을 누리지 못하고 있다. 좁은 지역에 많은 인구가 집중됨으로써 나타나는 혼잡과 교통 체증이 심각한 사회 문제가 되고 있다. 깨끗한 수돗물의 공급이나 분뇨와 쓰레기의 처리도 간단한 문제가 아니다. 대도시의 경우에는 충분한 녹지 공간을 마련하기 어려운 것도 문제가 된다. 인구 집중에 따라 범죄와 대형 사고의 가능성도 높아진다. 빈번한 주거 이동과 바쁜 경제활동으로 가족이나 이웃 관계도 원만하지 않은 것이 일반적이다.

현대 기술 문명을 살아가는 우리가 직면하고 있는 이런 문제들은 하나하나가 모두 매우 심각하고, 해결하기 어려운 과제들이다. 확실한 해결 방법을 찾기도 어렵고, 자칫하면 우리의 생존 자체를 위협하는 요인이 될 수도 있다. 그렇다고 현대 사회가 직면하고 있는 모든 문제가 현대 문명을 가능하게 만들어준 현대 과학과 기술 때문이라는 비판은 옳다고 하기 어렵다. 우리가 처해 있는 현실을 정확하게 파악하고 보다 적극적인 자세로 문제를 해결하려는 노력이 필요하다.

안락한 자연에 대한 환상

우리 사회에는 언제부턴가 자연은 우리에게 '안락한 휴식처'라는 크게 잘못된 인식이 빠르게 확산되고 있다. 자연에서 생산되는 '천연물'은 당연히 우리에게 도움이 된다는 명백하게 잘못된 인식도 함께 확산되고 있다. 우리에게 치명적인 독성을 나타내는 독버섯의 존재가 지극히 자연적인 것이라는 사실 애써 무시되고 있다. 많은 문학 작품과 언론 보도가 자연의 정체에 대한 명백하게 잘못된 인식과 함께 현대 과학과 기술에 대한 부정적 인식을 확산시키고 있다.

자연에 대한 긍정적인 인식은 우리 인간 역시 자연의 일부라는 소박한 생각에서 비롯된다. 자연이 그 일부인 인간을 괴롭힐 이유가 없다는 것이다. 그러나 그런 소박한 인식은 지구 생태계가 근본적으로 약육강식(弱肉强食)과 적자생존(適者生存)을 기본으로 하는 치열한 생존 경쟁에 의해 유지되고 있다는 사실을 완전히 무시한 것이다. 지구상의 모든 생물은 근원적으로 태양에서 일어나는 핵융합 반응에서 방출되어 빛의 형태로 지구에 전달되는 에너지에 의해 생존한다. 지구상의 모든 생물은 서로 먹고 먹히는 복잡한 먹이 사슬 속에서 생존할 수밖에 없다는 뜻이다. 생태계의 먹이 사슬은 녹색 식물이 광합성을 통해서 어렵게 생산한 영양 물질과 산소를 바탕으로 한다. 그런 환경에서는 수없이 다양한 생물들이 한정된 자원을 차지하기 위해 치열한 경쟁을 벌일 수밖에 없다. 생태계 일부에서 발견되는 상호 보완적인 공생(共生) 관계가 생태계의 일반적인 생존 법칙이 될 수는 없다. 치열한 경쟁이 개체의 수준에서는 지극히 잔인하지만 생태계 전체의 수준에서는 더욱 높은 수준의 진화를 촉진시키는 요인이 된다. 우리 인간도 그런 경쟁에서 예외일 수가 없다. 자연의 다른 생물들이 인간을 위해 존재한다는 생각은 지극히 잘못된 착각이라는 뜻이다. 다시 말해 자연에서 생산되는 천연물은 원칙적으로 인간을 위해 존재하는 것이 아니라 생물들이 스스로의 생존을 위해 어렵게 만든 것이다. 그런 천연물이 모두 우리에게 도움이 될 것이라는 생각은 지극히 순진한 생각일 수밖에 없다.

지구의 자연환경도 인간에게는 극복하기 어려운 것이다. 지구는 우리가 지금까지 밝혀낸 우주 공간에서 유일하게 생물이 존재하는 행성이다. 지구에 생물이 존재하게 된 것은 기적과도 같은 일이다. 지구라는 행성이 태양으로부터 적당한 거리에 있고, 달이라는 적당히 큰 규모의 위성을 가진 덕분이다. 지구의 크기도 결정적이다. 지구의 중심이 대부분 무거운 철(鐵)로 구성되어 있고, 뜨겁게 녹아 있는 외핵에서 끊임없이 계속되고 있는 핵분열 반응이 생물에게 적절한 서식 환경을 만들어주고 있다. 지구가 어떤 이유로 그렇게 특별한 자연환경을 갖추게 되었는지는 정확하게 이해하지 못하고 있다.

그렇다고 지구가 인간에게 가장 적합한 자연환경을 제공하고 있는 것은 절대 아니다. 우선 지구상에 인간이 대규모로 생활할 수 있는 환경을 갖춘 지역의 면적은 전체의 12퍼센트에 지나지 않는다. 육지의 대부분은 인간이 살기에 너무 덥거나 춥고, 메마르고, 거친 곳이라는 뜻이다. 우리가 필요로 하는 깨끗한 물을 충분히 얻을 수 있는 지역도 드물다. 아마존의 밀림이나 각 대륙의 상당한 부분을 차지하고 있는 사막을 비롯한 황무지, 그리고 아시아 대륙의 내부에 위치한 험준한 산악 지방이나 북쪽의 툰드라 지역은 사람이 살 수 있는 곳이 아니다. 물론 우리 인간이 자연을 그렇게 만든 것은 아니다. 오스트레일리아 대륙은 인간이 진출하기 오래전부터 지금처럼 황량한 대륙이었다.

육지의 자연환경만 문제가 되는 것도 아니다. 대기의 순환도 우리의 생존에 심각한 위협이 된다. 우리가 일상적으로 경험하는 기상 변화는 태양으로부터 전달되는 에너지가 지표면과 대기를 통해 재분배되는 과정에서 나타나는 지극히 자연스러운 자연현상이다. 문제는 그런 대기의 순환이 매우 불안정하다는 것이다. 태풍이나 토네이도(회오리바람)는 대기 중의 불안정한 에너지 분포에 의해 발생하는 자연적인 현상이지만 인류의 생존에는 심각한 위험 요인이 된다. 기후의 변화가 지극히 안정적이라는 믿음도 크게 잘못된 환상이다. 45억 년에 이르는 지구의 역사에서 2천 년 가까이 온난한 기후가 유지되었던 적은 매우 드물었다. 빙하가 적도 부근까지 내려왔던 대규모 빙하기도 10여 차례나 있었고, 상상을 넘어서는 규모의 지진과 해일과 화산 폭발도 심각한 기상 이변의 원인이 되었다. 지구상에서 기상 이변은 인간에 의해 촉발된 재앙이 아니라 지구에 내재된 지극히 일상적인 자연현상이었다.

결국 지구상의 생물은 끊임없이 이어지는 극심한 자연환경에 적응해서 살아남기 위해 부단히 노력할 수밖에 없는 연약한 존재들이다. 실제로 지구의 역사에서 생존하던 생물종의 95퍼센트가 멸종 해버렸던 역사적 기록도 남아 있다. 생명의 존재를 심각하게 위협했던 대규모 자연 재앙이 생물의 진화를 가속시키는 요인으로 작용했다는 주장도 있다.

풍요로운 야만인에 대한 환상

호모 사피엔스는 결코 만만하지 않은 지구의 자연환경에서 어렵게 생존하는 생물종들 중에서 가장 최근에 등장한 막내일 뿐이다. 육체적으로 다른 짐승보다 조금도 나을 것이 없는 인간이 오늘처럼 번성할 수 있었던 것은 기적이라고 할 수밖에 없다. 초기 인류는 여느 짐승과 조금도 다르지 않은 수렵과 채취에 의존해서 살아야만 했다. 먹을 것을 찾지 못하면 굶어야 했고, 별다른 방어 능력도 없이 맹수와의 치열한 생존 경쟁을 이겨내야만 했다. 기껏해야 10여 명이 집단을 이루어 불안정한 생활을 했던 그들에게는 늙고 병든 가족을 돌볼 수 있는 여유와 능력도 없었다. 불과 함께 초보적인 도구를 사용할 수 있었던 것이 큰 도움이 되었다. 그런 시대에 지구상의 인구는 7천만 명 수준이었고, 평균 수명은 17세 정도였던 것으로 추정된다. 수렵 채취 시대의 인간은 겨우 명맥을 이어가던 연약한 존재였다는 뜻이다. 수렵과 채취 시대의 원시 인류의 삶은 일부에서 주장하는 '풍요로운 야만인'으로 미화(美化)시킬 수 없는 것이었다. 오늘날 오지(奧地)에서 원시생활을 하고 있는 소수 부족들의 삶이 그런 사실을 가장 명백하게 보여주고 있다.

그런 인간이 처음으로 인간답게 살 수 있게 된 것은 1만 2천 년 전에 시작한 농경과 목축 덕분이었다. 식물과 동물의 유전자를 적극적으로 조작

해서 변형시키는 육종(育種) 기술과 계절을 예측하는 천문 관측 기술이 그 핵심이었다. 우리 인류가 수많은 시행착오를 거쳐 처음으로 개발한 기술이었다. 농기구와 관개 기술의 개발로 농경과 목축의 생산성은 더욱 향상되었고, 그에 따라 인구도 늘어나기 시작했다. 그렇다고 모두가 편안하고 행복한 삶을 살았던 것은 아니다.

많은 사람들이 집단을 이루어 생활을 하면서 새로운 문제가 등장했다. 사회적 계급의 출현이 바로 그것이다. 육종과 천문 관측 기술을 가지고 있거나 힘이 센 소수가 지배 계급을 형성했고, 대부분의 사람들은 농경과 목축에 필요한 노동력을 제공하는 역할을 담당하게 되었다. 사회 계급에 따른 극심한 차별은 극히 최근까지 이어져왔다. 산업혁명이 시작되기 전까지 대부분의 사회는 많은 노동력이 필요한 농경과 목축에 의존할 수밖에 없었다. 인구의 70퍼센트가 극심한 사회적 차별을 견뎌내야만 하는 '노예'로 힘든 노동력을 제공해야만 했다. 그런 노예들의 삶도 우리가 상상하는 풍요로운 원시인의 삶과는 크게 다른 것이었다. 자연에 대한 두려움을 극복하고, 집단의 결속을 다지는 수단이었던 종교도 사회적 차별을 완화시켜주기는커녕 더욱 악화시키는 요인이 되었다.

대규모 집단생활과 목축으로 전염병이라는 새로운 문제가 생기기도 했다. 가축으로부터 옮겨진 박테리아나 바이러스와 같은 미생물이 대규모 집단을 통해 빠른 속도로 많은 사람들에게 전염되기 시작했다. 원인을 알 수 없는 전염병은 자연 재앙만큼이나 두려운 자연현상이었다. 엄청난 희생을 치른 대가로 전염병에 대한 내성(耐性)을 확보한 집단만이 살아남을 수 있었고, 그렇지 못한 집단은 전체가 희생되기도 했다. 일찍부터 집단생활을 시작했던 아시아와 유럽 사람들을 처음 만났던 잉카 제국과 아메리카 인디언들이 힘없이 무너졌던 것도 천연두를 비롯한 전염병 때문이었던 것으로 추정된다. 오늘날 지나치게 신비화되고 있는 '전통 의학'도 아무런 도움이 되지 못했다. 신생아 열명 중에서 일곱명이 성인으로 성장하지 못했던 참혹한 현실이 극히 최근까지 이어져왔고, 평균 수명도 40을 넘기지 못했다.

우리 선조들이 자연과 더불어 '안전하고 풍요로운' 삶을 살았다는 주장은 그런 현실을 무시한 지극히 잘못된 환상이다. 그런 환상은 지배 계급의 생활을 중심으로 남아 있는 왜곡된 역사 기록 때문에 생겨난 것이다. 실제로 농경과 목축의 낮은 생산성 때문에 산업혁명이 일어나기 전까지 지구가 지탱할 수 있었던 인구는 5억 정도에 지나지 않았다. 그나마도 흑사병과 같은 치명적인 전염병이 발생하면 인구가 크게 줄어들 수밖에 없었다. 그런 일이 아주 먼 옛날에만 있었던 것도 아니다. 1919년 겨울에 전 세계를 휩쓸었던 '스페인 독감'은 적어도 1억에 가까운 사람들을 희생시켰던 것으로 알려져 있다. 결국 과거 인류의 삶은 굶주림과 질병과 사회적 차별로 가득 차 있던 힘들고 어려운 삶이었다. 우리의 선조가 안락한 자연과 더불어 풍요로운 삶을 누렸다는 주장은 근거를 찾을 수 없는 엉터리 주장일 수밖에 없다.

현대 사회에서 과학의 중요성

지구상에서 우리 인간이 높은 기술 문명을 적극적으로 이용해서 만물의 영장으로 우뚝 서게 된 것은 자연의 정체를 정확하게 밝혀낼 수 있도록 만들어준 현대 과학과 그것을 바탕으로 하는 첨단 기술 덕분이다. 단순히 농업과 목축의 생산성만 향상된 것이 아니다. 현대 기술을 바탕으로 하는 산업의 생산성은 얼마 전까지만 하더라도 상상을 할 수 없었던 놀라운 수준으로 향상되었다. 산업 기술의 발달 덕분에 한정된 자연 자원을 효율적으로 활용할 수 있게 되었고, 에너지의 활용으로 우리의 생활은 더한층 풍요롭게 되었다. 높은 생산성으로 가능해진 물질적 풍요는 사회적 차별을 제거하는 결과로 이어지기도 했다. 프랑스 혁명을 계기로 개인의 자유와 평등을 핵심으로 하는 인권(人權) 의식이 전 세계로 확산됨에 따라 오늘날 대부분의 사회가 자유민주주의를 향유할 수 있게 되었다.

현대의 풍요롭고 안전하고 민주화된 사회에서 과학과 기술은 과거보다 훨씬 더 중요한 사회적 역할을 담당하고 있다. 우선 현대 과학과 기술은 우리를 자연에 대한 두려움과 공포로부터 해방시켜주었다. 물론 우리의 기술이 완벽한 것은 아니다. 그러나 이제 우리는 화산이 폭발하고, 지진과 해일이 일어나고, 태풍이 닥쳐오는 이유를 분명하게 이해할 수 있게 되었다. 그런 자연 재앙이 신(神)의 노여움 때문이라고 두려움에 떨 필요가 없어지게 되었다. 인류의 역사에서 쉽게 찾아볼 수 있듯이 그런 재앙을 사회적 억압의 수단으로 이용하는 관행도 자취를 감춰버렸다. 비록 완벽하지는 않지만 자연 재앙의 발생과 진행 과정을 실시간으로 확인함으로써 자연 재앙에 의한 피해를 최소화할 수 있는 능력도 갖추게 되었다.

오늘날 과학과 기술은 물질적 풍요와 함께 건강하고 안전한 삶의 수단이기도 하다. 세계화의 물결이 아니더라도 사회의 경제적 성장은 무엇과도 바꿀 수 없을 만큼 중요하다. 경제 성장이 조금이라도 둔화되면 사회는 엄청난 어려움을 경험하게 된다. 우리가 경험했던 IMF 외환 위기가 명백한 증거다. 물론 급격한 산업화에 의해 발생하는 사회적 문제가 심각한 것은 사실이지만 역사상 가장 많은 인구가 살아가고 있는 오늘날 산업화는 절대 외면할 수가 없다. 산업화를 포기하고 2백년 전의 삶으로 돌아가려면 우선 인구가 현재의 10퍼센트 수준으로 줄어들어야만 한다. 열명 중 아홉명이 삶을 포기해야 한다는 뜻이다. 만약 농경과 목축까지 포기하고 진정한 의미에서 자연과 더불어 살아가려면 지구촌 인구가 1퍼센트 수준으로 줄어들어야 한다. 비록 산업화가 어렵고 힘든 일이며, 상당한 수준의 부작용을 감수해야 한다고 하더라도 다른 대안이 있을 수 없다. 구체적이고 확실한 대안도 없이 현대 과학과 기술을 포기하고 무작정 자연으로 돌아가자는 주장은 지극히 비현실적이고 비인간적인 것이다. 현대 인류에게는 현대 과학과 첨단 기술을 바탕으로 하는 산업화가 유일한 생존의 수단일 수밖에 없다. 적어도 현재의 과학과 기술 수준으로는 그렇다는 뜻이다.

오늘날 과학은 개인의 자유와 평등을 핵심으로 하는 원만한 민주 사회의 실현에 꼭 필요한 것이기도 하다. 민주화가 이루어지기 전의 과학과 기술은 사회를 지배하는 가장 효율적인 수단이었다. 고대 농경 사회에서 계절과 자연 재해를 예측하는 능력을 갖춘 주술사들이 대표적인 경우였다. 주술사들이 천문이나 기상 현상을 관측해서 얻은 지식은 소수의 지배 계층이 권력을 유지하는 수단으로 사용됐다. 지배층의 권력을 거부하는 사람들은 농사를 계속할 수가 없었다. 인류 문명이 발달하면서 기술의 위력은 더욱 강화되었다. 동양에서는 극히 최근까지도 천문 관측 기술을 독점하고 있던 중국이 막강한 영향력을 행사해왔던 것이 분명한 역사적 사실이다. 역사상 새로운 농경 기술, 전쟁 무기 생산 기술, 장거리 항해 기술이 모두 그런 목적으로 활용되었다.

국민의 과학에 대한 관심은 사회의 민주화에 따라 더욱 중요한 역할을 하게 되었다. 비민주적인 고대 사회에서 어떤 기술을 어떻게 개발할 것인지는 지배자의 독단적인 의지에 의해 결정되었다. 지배자는 국민들의 동의를 요구하지도 않았고, 국민들은 지배자의 그런 결정에 승복하는 것 이

외에는 다른 도리가 없었다. 그 내용을 알 수도 없었고, 이의를 제기하는 것은 더욱더 불가능했다. 지배자의 결정이 잘못되었을 경우에도 그 피해를 고스란히 감수할 수밖에 없었다. 지배자의 잘못된 결정 때문에 모든 국민이 이민족의 폭압적인 지배를 받아야 했던 경우도 많았다.

그러나 민주화된 사회에서는 사정이 크게 달라졌다. 이제 새로운 기술을 개발하고, 국토를 활용하는 결정은 지배자가 아니라 국민의 합의에 의해 이루어지게 되었기 때문이다. 문제는 새로운 기술의 개발과 국토 개발 사업을 이해하기 위해서는 상당 수준의 과학 상식과 합리적인 사고방식이 필요하다는 것이다. 민주화된 사회에서 과학은 소수의 과학자나 지배자의 전유물이 아니라 모든 국민이 반드시 알아야 하는 필수 상식이라는 뜻이다. 과학 상식이나 합리적인 사고방식을 갖추지 못하면 자신의 독자적인 판단을 할 수가 없게 되어서 다른 사람의 선동적인 주장에 휩쓸릴 수밖에 없는 상황이 되어버린다. 민주 사회에서 가장 중요한 개인의 인권과 자존심이 위협받게 된다는 뜻이다. 기술과 국토의 개발에 대한 원만한 사회적 합의가 불가능할 경우에는 엄청난 사회적 분열과 갈등이 생겨나고 그에 따른 사회적 손실도 엄청나게 늘어난다. 현대 과학은 그런 손실을 예방하는 유일한 수단이라는 뜻이다.

현대 과학은 개인의 건강과 안전을 지키는 수단이기도 하다. 오늘날 우리는 첨단 기술에 의존해서 살아갈 수밖에 없다. 육체의 건강을 지키는 일도 의사들이 확보하고 있는 첨단 의학에 의존할 수밖에 없다. 물론 그런 기술을 활용하기 위해서는 적절한 대가를 지불해야만 한다. 문제는 우리의 건강과 안전을 보장하기 위해서는 자신에게 맞는 적절한 기술을 현명하게 가려낼 수 있는 능력이 필요하다는 것이다. 무작정 자신의 경제적 이익만을 추구하는 잘못된 상술에 속아넘어갈 경우에는 경제적 손실만이 아니라 자신의 건강과 안전까지 위험하게 된다. 어떤 기술을 어떻게 활용하고, 어느 정도의 대가를 지불할 것인지를 가려내는 일은 온전히 개인의 몫이고, 그런 일은 충분한 과학 상식과 비판적인 사고방식을 갖추어야만 가능한 것이다.

현대의 과학과 기술은 우리가 직면하고 있는 가장 어려운 문제인 환경과 자원 고갈을 해결하는 유일한 수단이기도 하다. 오늘날 우리가 걱정하고 있는 환경 훼손과 자원 고갈의 가장 근본적인 원인은 인구의 급격한 팽창이다. 지난 한 세기 남짓한 기간 동안 지구상의 인구를 급격하게 늘어났고, 개인이일상 생활을 통해 활용하는 자연환경과 자원의 양도 크게 늘어났다. 에너지의 사용량도 백배가 넘게 늘어났다. 인구 증가 때문에 자연에 주어지는 부담이 한 세기 동안 수천 배가 늘어났다는 뜻이다. 그렇다고 환경 보존과 자원 개발이 말로만 이루어지는 것은 아니다. 자연보호와 절약도 중요하지만 오늘날의 문제는 그런 소극적인 수단으로 해결할 수 있는 단계를 넘어섰다. 보다 적극적인 대안이 필요하다는 뜻이다.

우리는 자연과 자원을 더욱 효율적이고 지속적으로 활용하는 기술을 개발하기 위해 더욱 적극적으로 노력할 수밖에 없다. 환경에 영향을 적게 주는 물질을 더욱 안전하게 생산하는 '녹색 화학' 기술을 적극적으로 개발해야 한다. 환경에 영향을 적게 주면서 지속 가능하게 활용할 수 있는 새로운 에너지도 개발해야 한다. 물론 우리가 애써 확보한 삶의 질은 반드시 유지되어야만 한다. 오늘날 우리가 누리고 있는 혜택은 어느 것도 포기할 수 없다는 뜻이다. 결코 쉬운 일은 아니다. 어쩌면 불가능한 꿈일 수도 있다. 그렇다고 모든 것을 포기할 수는 없는 일이다. 현대의 과학을 더욱 높은 수준으로 발전시키고, 더욱 효율적이고 안전한 기술을 개발하기 위해 모두가 함께 노력할 수밖에는 다른 도리가 없다.

그러나 현대 과학과 첨단 기술의 가장 중요한 가치는 그것을 통해 우리가 자연과 우리 스스로를 더욱 깊고 정확하게 이해할 수 있고, 우리 스스로의 존엄성을 지킬 수 있다는 것이다. 수천 년의 인류 문명을 통해 우리는 처음으로 우주가 어떻게 탄생해서, 어떤 과정을 거쳐 진화해왔는지를 이해하게 되었고, 생명의 정체가 무엇인지를 밝혀낼 수 있게 되었다. 우리의 가장 궁극적인 의문을 해결할 수 있게 되었다는 뜻이다. 물론 고도로 발달한 과학의 힘 때문이다. 그렇다고 모든 것이 과학으로 해결되는 것은 아니다. 과학적으로 모든 것을 밝혀낸다 하더라도 우리 인간의 자유 의지는 과학적 해석의 범위에 포함될 수 없을 것이 분명하다. 우리가 힘들게 알아낸 자연과 우리 자신에 대한 이해를 어떻게 수용해서 어떤 삶을 가꾸어갈 것인지는 온전하게 인문학의 영역으로 남게 될 것이다.

웰빙, 이기적 쾌락의 철학

서동욱
철학과

네 삶은 과연 살 만한 것인가?

―플라톤, 『크리톤』에서

1

잘 먹어야 한다(Il faut bien manger).

좋은 것만 골라 먹는 웰빙족의 모든 지침을 요약하는 격률 같은 이 말은 실은 데리다가 했던 어느 대담의 제목이다.[1] 웰빙 추종자가 한번 되어볼까 하는 우리 시대 주체에겐, 강제성이나 도덕적 극기, 금욕 같은 스트레스를 주는 정신적 세계를 싹 무시해버리고, 심신 가운데 순수하게 혀와 위장과 창자의 본성만을 충실하게 위로해주는 듯한 이 도덕법이 썩 마음에 든다.

웰빙. 우리 시대 백화점의 거대 화두, 식단의 수호천사. 잘 먹어야 한다. 그런데 누가? 이에 대한 참으로 내놓기 어려운 대답은 천천히 해보기로 하고, 일단 요즘 웰빙족들의 대답부터 보자면, 꽤 분명한 듯하다. "일부에서는 웰빙이야말로 가장 극명한 '개인주의 경향의 산물'이라고 말하기도 한다. ……이러한 '개인주의적 코드'로는 더 이상 웰빙을 문제 삼아선 안 된다. 세상에서 가장 소중한 건 '나'라는 데 이의를 제기할 수 없는 것과 같은 이치다."[2] 잘 먹어야 하는 주체는 바로 나다. 세상에서 가장 소중한 나, 이 나의 몸을 건강하고 아름답게 가꾸는 주체. 그런데 몸만 가꾸는가?

---

1 J. Derrida, "'Il faut bien manger' ou le calcul du sujet," *Points de suspension*, Paris: Galilée, 1992(약호 IFBM). 이 글의 모든 인용에서 원저자의 강조는 ' '로, 인용자의 강조는 고딕체로 표기한다. [ ]안의 말은 대체 가능한 번역어나 뜻을 잘 통하게 하기 위해 인용자가 임의로 집어 넣은 것이다.

2 「Special Talk: Well-Being Report-올해 메가트랜드로 자리잡은 범국민적 화두, 웰빙에 대하여」, 『Luxury』 2004년 5월호, 196쪽, 198쪽(약호 ST).

웰빙 교도들에게 경멸과 돌을 차례로 맞을 소리다. 애완견인가? 잘 먹고 몸만 가꾸게? "문제는 정신과 물질의 조화를 통해서만 웰빙 라이프의 실현이 가능한 것이기에 소비와 투자를 하되 반드시 '내 몸과 정신의 니즈에 부합할 수 있는' 것이어야 한다는 점이다. 소비를 위한 소비만으로는 정신적인 만족과 행복까지 얻어내기 힘들 것이므로 일부 과소비 위주의 생각 없는 명품족들은 바람직한 웰빙족의 테두리에서 철저히 열외를 시켜야 한다는 것이 전문가들의 의견이다."(ST, 197) 그렇다. 전문가들-도대체 어떤 전문가들?-이 동물적인 명품족들을 열외시켜야 한다고 우려를 표명할 정도로 웰빙은 정신적인 것이다. 그래서 화를 삭이고 고대 종교의 발생지로 여행을 떠나는 "명상 서적이나 건강 요리책 같은 웰빙 관련 서적"(같은 곳)이 쏟아져 나온다. 그러나 물론 그것은 여전히 '나'를 위한 삶이다. 아로마 테라피와 명상에 빠져들고, 같은 수준의 사람들과 만나 점심을 들면서 고상한 한담을 즐기고, 세상을 가득 채운 더럽고 비극적인 광경이 마음을 산란하게 하지 않도록 눈을 가리고 조심하며 '나의' 존재만을 윤기나게 가꾸는 웰빙.

비누 거품 같은 수사(修辭)로 치장을 해도 어떤 형태의 것이든 웰빙은 "'잘 먹고 잘 살자'라는 모토에서 크게 벗어나지 않는다".(ST, 198) 뭐니뭐니 해도 웰빙의 핵심은 잘 먹는 것이다. 가령 "웰빙은 인스턴트를 배격한다. ……초중고교의 학교 급식에도 웰빙 바람은 번지고 있다. 무공해 유기 농산물만으로 음식을 내놓는 학교가 있다".[3] 먹는 것을 빼놓고는 도저히 웰빙을 이야기할 수 없을 것만 같다. '먹는다'라는 말은 문자 그대로의 뜻에서뿐 아니라 '환유적인' 의미에서도 웰빙의 핵심을 차지한다. 왜냐하

3 「자연을 먹고 바른다」, 중앙일보 2004년 5월 6일, C1쪽.

면 자기 외의 존재자들을 갖가지 방식으로 자기에게 기여할 수 있도록 만들어, 자기 존재를 좋게 하는 일을 '먹는다'라는 단어만큼 잘 표현하는 것은 없기 때문이다. 웰빙을 위해 명상 서적을 읽는 것, 화를 삭이는 방식을 탐독하는 것, 즉 '인식 일반을 하는 행위'도 먹는다는 환유를 통해 표현된다. 사르트르가 잘 지적하고 있듯이 말이다. "인식하는 것은 먹는 것이다(connaître, c'est manger)."[4] 요컨대 데리다가 말하듯 "(구강뿐 아니라 귀, 눈, 그리고 모든 '감각' 일반의) 구멍으로 들어오는 모든 것에 대해 '잘 먹기' 라는 환유는 황금률이다."(IFBM, 296) 웰빙은-문자 그대로뿐 아니라 환유적으로-오로지 잘 먹는 것이며, 따라서 웰빙의 본질을 밝히는 일은 '먹는다'는 것의 본질을 밝히는 일을 통하지 않고는 이루어질 수 없을 것이다. 도대체 먹는다는 것은 무엇인가?

2

웰빙의 본성을 먹는다는 행위에서 발견하려고 하는 이상 '먹는다는 것은 무엇인가?'라는 물음에 결코 생리적인 차원에서 답을 구하려고 해서는 안 되며, 존재론적 차원에서만 답변을 기대해야 한다. 왜냐하면 웰 '빙(Being)'이라는 것이 이미 존재(Being)에 대한 하나의 견해라는 점에서, 웰빙을 문제 삼는 이상 우리는 벌써 존재론적 물음의 지평 안에 제한되어 있기 때문이다. 따라서 먹는다는 것은 무엇인가라는 물음은 먹는 일을 하는 존재자의 본성에 관한 물음일 수밖에 없다. 이는 특정한 식사법의

4 J-P. Sartre, "Une idée fondamentale de la phénoménologie de Husserl:l'intentionalité," *La transcendance de l'ego*, Paris:J. Vrin, 1988, 109쪽.

덕론(가령, 먹어야 한다는 명목으로 다른 생물을 살생하지 마라)과 관습(특정한 짐승이나 식물을 먹지 마라)과 기술(콜레스테롤을 피하라)이 관건이 아니라, 보다 근본적으로 존재자가 먹는 일을 수행하게끔 하는 초월적 조건이 우선 관건이라는 것을 뜻한다. 먹는 일에 관한 이러한 접근이 가지는 특성을 데리다는 다음과 같이 기술한 바 있다. "우리는 살아 있는 것 일반에 대해 어떤 책임을 가지는가? 대답은 항상 아니요이다. ……나는 채식주의, 생태주의 또는 동물 보호 단체를 돕기 위해 이 점을 상기시키는 것이 아니다. ……나는 무엇보다도 내가 언급하고 있는 담론들〔서구의 형이상학이나 종교의 규격화된, 또는 주도권을 쥐고 있는 모든 담론〕의 **'희생적' 구조**를 그 필연성에 따라 밝히려 하는 것이다."(IFBM, 292) 먹는 일에 대한 분석은 채식주의와 같은 식사법의 덕목 내지 교리를 정하는 일이 아니라, 우리 문화―절대적인 것도 항구적인 것도 아닌―가 성립하기 위한 필연적인 '희생적 구조', 또는 식사가 가능하기 위한 조건으로서 "비범죄적 살생"(IFBM, 293)의 구조를 밝히는 일이다.

그런데 우리는 투르니에의 소설 『마왕』에서 먹는다는 것의 의미심장한 본성을 보여주는 한 장면을 발견할 수 있다. 프랑스군에서 전령 비둘기 사육을 담당하는 주인공 티포주는 비둘기들에게 특별한 애정을 쏟아 붓는다. 그런데 독일군의 침공으로 몇몇 상관과 함께 부대를 버리고 탈출해 지내던 어느 날, 잠시 자리를 비운 사이 동료 탈주병들은 그가 애지중지하던 비둘기들을 요리해버린다. 가장 사랑하던 이들, 그의 전우라고 해도 좋을 비둘기들을 잃은 티포주는 충격 속에서 어떤 반응을 보이는가? "티포주는 비둘기들을 애정을 가지고 충실한 연락병으로 길렀다. ……암살당한 작은 몸뚱이들을 먹어야만 할 유일한 인물은 그가 아닐까? ……찌르는 듯한 아픔 속에서 그는 홀로 충만한 향연을 행하라는 거의 명령에 가까운 권고를 읽어내고 있었다. ……목이 비틀려 죽은 세 마리의 작은 군인들, 그들의 시체를 침묵 속에 경건하게 섭취한다는 것은 거의 종교적인 성격을 띠게 될 것이고, 어쨌든 그들에게 보내는 가장 훌륭한 경의가 될 것이다. ……첫날 밤 그는 혼자서 세 마리의 구운 비둘기 가운데 하나를 먹었다. ……그 후 나머지 두 마리의 구운 몸뚱이마저 먹었을 때…… 그는 6개월 전부터 이 세상에서 유일하게 사랑해온 피조물들과 친밀한 소통을 할 수 있었기에 영혼이 풍족해졌다〔살쪘다〕."[5]

물론 영혼을 살찌게 하는 성분이 비둘기 고기에는 없기 때문에, 충격에 빠진 비둘기 사육사가 겪은 영혼의 이 풍족은 전적으로 '환상'이다. 내가 사랑하는 자를 먹음으로써, 내 안에 그를 그대로 보존하여, '이상적인' 형태로 나의 영혼과 동일시하는 환상을 티포주는 체험하고 있는 것이다. 이러한 일은 문명의 기원(역사적 또는 시간적이라기보다는 논리적 차원의 기원)에 불가결하게 자리 잡고 있는 일이 아닌가? 가령 프로이트의 『토템과 터부』에서 기록하고 있는 부족의 여자들을 모두 소유한 강력한 아버지, 이 원초적 아버지(Urvater)를 살해한 아들들은 무슨 일을 벌였는가? "어느 날 쫓겨난 형제들이 함께 돌아와 아버지를 죽이고 잡아먹는다. ……먹는 행위를 통해 그들은 아버지와의 동일시를 달성하고 각자가 그의 힘의 일부분을 자기 것으로 만든다."[6] 이렇게 "먹는 행위를 통해 사람의 육체의 부분들을 〔나와〕 합체함으로써, 그 사람이 가진 특성들을 자기 것으로 만든다".[7] 타자를 내 몸 안에 이상적인 형상으로 모심으로써, 그의

5 미셸 투르니에, 신현숙 옮김, 『마왕』, 벽호, 1993, 184~188쪽(다음 원본에 따라 번역 수정함. M. Tournier, *Le Roi des Aulnes*, Paris:Gallimard;folio 3판, 1978, 237~243쪽).

6 S. Freud, *The Standard Edition of the Complete Psychological Works of Sigmund Frued*, London:The Hogarth Press and the Institute of Psycho-Analysis, vol. XIII, 141~142쪽.

7 같은 책, 82쪽.

특성들을 얻어내려는 것이다. 아마도 서구인들이 그들의 학문을 통해 발견한 주체는 타자를 사랑하고 존경하는 법을-이 글을 통해 자세히 보겠지만-그 사랑하는 대상을 잡아먹는 식인 행위 안에서 찾으려는 기이한 발상을 했던 것이 아닐까? 쥐스킨트의 소설 『향수』의 그로테스크한 결말이 증언하듯이. "그들은 천사에게로 달려들어 그를 덮쳐 바닥에 쓰러뜨렸다. 누구나 그를 만지고 싶어했고 **그의 일부분이라도 갖고 싶어했다.** ……삽시간에 천사는 서른 조각으로 찢겨졌으며, 그 패거리들 모두 그걸 하나씩 움켜쥐고 음탕한 욕망에 이끌려 뒤로 물러앉아 **먹기 시작했다.** 반 시간쯤 지나자 장 바티스트 그르누이는 살점 하나 없이 사라져버렸다. ……처음으로 **그들은 무언가 사랑으로 이루어진 행동을 했던 것이다.**"[8] 쿤데라도 이와 유사한 사태를 기술하고 있다. "갈라는 자신이 애지중지하던 그 가축이 자신의 내장 속으로 들어가 내장들을 천천히 애무하다가 마침내 제 여주인의 신체 일부가 된다는 사실을 그렇게 흐뭇할 수 없었다. 그녀로서는 사랑하는 가축의 섭취보다도 더 절대적인 사랑의 성취는 없었다. 육신 전체의 이러한 융합에 비하면 육체적 사랑 행위는 극히 하찮은 욕망으로 여겨졌던 것이다."[9] 이러한 합체, 자기 안에 '봉안묘(crypte)'를 세우고 거기에 사랑하는 자를 영원히 그 모습 그대로 간직하려는 것은 신화나 허구뿐 아니라 우리의 일상 속에서도 흔히 발견된다(당연하게도 신화란 일상의 밑그림이므로). "두 팔을 아내의 가슴에/ 포개어준다. 옻나무 관에 그대를 입관하듯/……/어느 날 네가 죽으면, 내 가슴 지하 수천 M에 너를 묻으리."(황지우, 「잠든 식구들을 보며」에서).[10] 이렇게 '무의식적으로' 되뇌는

8 파트리크 쥐스킨트, 강명순 옮김, 『향수』, 열린책들, 1991, 327~328쪽.

9 밀란 쿤데라, 김병욱 옮김, 『불멸』, 청년사, 1992, 127쪽.

10 황지우, 『겨울-나무로부터 봄-나무에로』, 민음사, 1985, 75쪽.

사내는 사랑하는 대상을 떠나보내지 않고, 그 모습 그대로 영원히 마음의 봉안묘 속에 모셔두려는 소질을 드러낸다. 연인들은 상대방이 죽으면 장례 의식과 함께 그를 적당히 애도하고 떠나보내기보다 그 시체를 여행지에서 산 기념품처럼 평생 간직하는 것이다. 줄리언 반스가 말하듯 말이다. "연인들이란 하나의 영혼에 두 개의 몸을 가진 샴쌍둥이와 같다. **한 사람이 다른 사람보다 먼저 죽으면 살아남은 자는 시체를 끌고 다녀야 한다.**"[11] 마음의 봉안묘 속에 담아서 말이다.

이렇게 타자(연인)의 시체를 끌고 다니는 일, 마음 안에 봉안묘를 세우고 타자를 이상화시켜 거기 모시고 나 자신과 동일시하는 일, 즉 타자를 나의 일부로 삼는 일을 아마도 우리는 데리다가 아브라함과 토록의 작업에서 빌려온 용어를 사용해 '합체'라고 부를 수 있을 것이다. 아브라함과 토록의 정신분석학적 작업에서 합체는 원래 병리학적인 의미를 가지지만, 데리다의 수많은 다양한 논의 지평에 출현하게 되었을 때 이 용어는 병리적인 현상에 국한되지 않고, 주체성의 근본 구조에서 타자가 차지하는 위상을 기술하는 데 사용된다. 데리다는 '합체'와 '내입'[12]이라는 애도 작업(le travail du deuil)의 두 핵심 개념을 사용해 환자를 정상 또는 병리로 규정하는 작업을 하는 것이 아니라, 이 두 개념에서 주체와 타자가 형성하는 위상학적 구조들을 밝히고, '타자에 대한 존중'이라는 관점에서 이 구조들을 평가하는 데 관심을 기울인다. 이 두 용어가 사용되는 여러 맥락 가운데, 특히 "시체의 섭취, 즉 합체나 내입이 있는 비범죄적 살생"

11 줄리언 반스, 신재실 옮김, 『플로베르의 앵무새』, 열린책들, 2005, 268쪽.

26 흔히 'incorporation'은 합체, 내적 동일화, 흡수 등으로, 'introjection'은 내입(內入), 내투사, 내부투사, 내향 투사, 입사(入射), 투입 등으로 다양하게 번역되어왔다. 어느 번역어를 사용하더라도 크게 문제될 것은 없는 것으로 보이나 이 글에서는 전자는 '합체'로, 후자는 '내입'으로 번역하도록 한다.

(IFBM, 293)이라 일컬어지는 '먹기의 구조' 해명이 우리의 관심을 끄는 것이다.

합체란 무엇인가? 내입이라 하는 "소위 '정상적' 애도"[13]가 불가능할 때 일어나는 것, "일반적인 내입의 영역에서 추방된 것"(F, 15), 즉 비정상적인 애도가 합체이다. "내입의 과정이 무기력할 때…… 합체가 불가결하다."(F, 17) 내입이라는 정상적인 애도의 과정을 통해 주체는 타자, 자기가 사랑하던 자의 상실(가령 죽음)을 극복한다. 프로이트는 「애도와 우울증」(1917)에서 애도의 과정을 다음과 같이 기술한 바 있다. "애도를 다음과 같이 기술해도 무리가 아닐 것이다. 현실 검사는 사랑하는 대상이 더 이상 존재하지 않는다는 것을 보여준다. 따라서 이제 그 대상에 집착했던 리비도를 다 철회시켜야 한다. ……결국 현실을 존중하는 가운데 리비도의 이탈이 달성된다. ……애도 작업이 완결된 뒤 자아는 다시 자유롭게 되고 아무런 제한을 받지 않는다."[14] 이러한 프로이트의 설명 이후 아브라함과 토록, 그리고 데리다의 작업에 이르기까지 애도에 대한 해명은 계속 편차를 겪어왔지만, 위 설명에서 후대까지 여전히 동의할 수 있는 것으로 남아 있는 것이 있다면, 애도를 통해 리비도를 상실된 대상에서 떼어내고, 그렇게 해서 사랑하는 대상의 상실로 인해 괴로움을 겪는 주체가 그 대상과 괴로움으로부터 자유롭게 된다는 생각일 것이다. 이 과정을 데리다는 상실된 타자를 자기에게 매개해서, 자기를 확대하는 과정으로 기술하고 있다. "자아의 확대, 그것이 바로 내입이다"(F, 16)라는 말이 보여주듯, 그

13 J. Derrida, "Fors:Les mots anglés de Nicolas Abraham et Maria Torok," N. Abraham & M. Torok, *Cryptonymie:Le verbier de L'Homme aux loups,* Paris:Aubier Flammarion, 1976, 17쪽(약호 F).

14 S. Freud, 위의 책, vol. XIV, 244~245쪽.

리고 "〔리비도의〕 자기 성애적 투자가 확장되도록 해주는 과정"(같은 곳) 또는 "자아를 확장하는 과정"(같은 곳)이라는 말이 보여주듯 내입은 타자를 '자기'에게 '점지적으로 매개'하는 과정이다.(F, 17 참조) 어떻게 그럴 수 있는가? "내입은 대상뿐 아니라, 대상에 연결되어 있던 충동들도 포함해버린다."(F, 16) 바로 대상에 집착하던 리비도를 자기 자신에게로 돌려서 자기 성애적 투자를 하며 – 대상에 연결되어 있던 충동을 자아가 포함해버린다는 의미이다 – 이렇게 해서 상실된 대상에의 종속을 끊어버림으로써, 자아에 대한 타자의 매개는 이루어질 수 있는 것이다. 그러나 이러한 내입은 타자를 자아 – 자아가 가진 개념 체계, 자아가 통제할 수 있는 표상, 회상 등등 – 에 동화, 매개시키는 것이라는 점에서 "정상적 애도는 타자를 '타자로서' 보존하는가"(F, 17)라는 물음의 도전에 부정적인 답신만을 보내올 뿐이다. 내입은 타자를 자아의 소유물로 삼는 방식의 한 가지 이름인 것이다.

합체, 즉 비정상적인 애도는 내입과 같은 애도를 거부하는 데서 성립한다. 즉 자아에게 타자를 동화시키는 것이 아니라, "자기 안의 타자인 봉안묘"(F, 43)로서, '매개되지 않은 채로' 타자를 안치하는 것이다. 요컨대 여기서는 타자를 자아에 매개하는 일이 생기는 것이 아니라, "'이질성' 그 자체('l'hétérogénéité' elle-même)"(같은 곳) – 이 표현 자체가 '매개'의 부정을 함축한다 – 로서의 타자를 자아로 여기는 일, 즉 타자와 합체되는 일이 일어난다. 개념이 겪을 수밖에 없는 역사적 굴절에도 불구하고 굳이 프로이트의 텍스트에서 기원을 찾자면, 이러한 합체에 해당하는 바는 그가 "자아를 포기된 대상과 '동일시'하는 것"[15]이라 일컬었던 것이

15 S. Freud, 위의 책, vol. XIV, 249쪽.

다. 그렇다면 타자를 매개하지 않고, 이질성 자체를 지닌 것으로서 고스란히 봉안묘 안에 안치하는 것이라는 점에서, 합체는 '타자를 타자로서' 보존하는 방식, 즉 타자의 고유성을 지키는 방식인가? 결코 그렇지 않다. "합체는 타자를 타자(외국인)로서 보존하는 것처럼 보인다. 그러나 또한 합체는 이와는 정반대 되는 일을 한다. 합체의 과정이 보존하는 것은 '타자'가 아니라, 그 합체가 안전하게 유지하는 어떤 지역, **타자와의 관계가 건드려보지 못하는(개입하지 못하는) 어떤 지역이다.**"(F, 26) 타자라는 것은 그 말뜻 그대로 주체와의 관계, 보다 정확히 말하면 주체에 대한 '분리(séparation)' 속에서만, 고유의 성격, 즉 타자성(이타성, altérité)을 부여받을 수 있는 것이다(주체와의 분리라는 관계가 없다면 타자, 즉 '다른'이라는 꾸밈말로 규정되는 자는 아예 있을 수도 없다). 그런데 합체는 봉안묘 안에 타자를 너무도 완벽하게 보존하는 나머지, 이 봉안묘의 지역은, 주체가 가지는 타자와의 관계(분리)가 적용될 수 없는 '절대적인' 영역이 되어버리는 것이다. 그리고 그것은 역설적이게도, 타자를 타자로서 보존하는 일이 아니라, 타자를 타자로 성립시키는, 주체와 타자 사이의 불가결한 관계(분리)의 부재로 인하여 타자의 타자성을 와해시켜버리고 만다. 결국 정상적인 애도건 비정상적인 애도건, 애도 속에서 타자는 결코 자신의 특정성을 지켜줄 그 무엇도 찾지 못한다. 타자성은 본성상 애도 작업을 싫어한다. "**타자는 모든 주관화에, 심지어는 우리가 애도라고 부르는 것의 내면화-이상화**(l'interiorisation-idéalisation)**에도 저항한다.**"(IFBM, 285) 그런데 티포주의 예에서 보듯 바로 이러한 애도 작업, 타자의 타자성을 흡수하는 일이 '먹는 행위 속에서' 벌어지고 있는 것이다.

3

우리가 관심을 가지고 있는 것은 우리 문화가 성립하기 위해 불가결하게 바탕에 두고 있는 '희생적 구조'를 밝히는 일이었다. "우리 문화들에서 주체는 희생물을 제공받는다."(IFBM, 295) 먹는다는 경험적 행위를 가능케 하는 조건은 타인의 희생에서 발견된다. 이런 희생, 타인을 내 안으로 흡수하는 일은 정확히 말해 먹는 일이 아니라, 먹는 일의 초월적 조건의 층위에 있는 것이다. 이것이 뜻하는 바는, 비식인 문화 속에 살고 있는 우리는 실질적으로 타인을 먹지는 않아도, 우리의 먹는 행위 배후에는 그 조건으로 식인 행위가 자리 잡고 있다는 점이다. 요컨대 식인 행위는 비식인 문화 안에서 다양한 상징 체계로 위장하고 작동하는 것이다. **"이른바 비식인 문화들은 상징적인 식인 풍습을 실행하며, 이 식인 풍습 위에 심지어 그들의 가장 고상한 사회체, 즉 그들의 도덕, 정치, 법의 숭고함을 구성한다."**(IFBM, 296) 그런데 도대체 어떻게 문화 안의 다양한 먹는 행위가 식인 풍습 위에 서 있을 수 있는 것일까? 가령 채식주의 같은 식사법도 식인 풍습 위에 자리 잡고 있는 걸까? 실질적으로는 아니더라도 어떻게 모든 식사는 상징적으로 식인 행위인가?

인간이 아니라 가령 동물을 흡수하는 일은 실질적인 동시에 상징적일 수 있다. "작동 방식은 시체가 '동물'일 때는 실질적〔실재적〕이고 게다가 상징적이다."(IFBM, 293) 동물의 흡수는 어떤 의미에서 실질적인 동시에 상징적인가? 우리가 읽었던 『마왕』의 장면으로 돌아가보자. 티포주는 '찌르는 듯한 아픔 속에서', 상실한 동물들을 자기 안에 그대로 보존하고자 한다. 이 절차를 티포주는 문자 그대로 그 동물들을 먹는 작업을 통해 수행한다. 이때 먹는 일은 생리적인 욕구에서 비롯된 일이 아니라, 대상을 자기와 합체시키기 위해서 '선택 가능한' 상징적 절차다. 동물을 먹는 일은 그야말로 문화의 '가능한 선택지'이지, 동물의 흡수를 위해 불가결한, 유일무이한 방식은 아니다. 또한 생리적 관점에서도 동물을 먹는 일을 필연적인 유일무이한 선택지로 만들어줄 만한 원인은 찾을 수 없는데, 왜냐하면 동물성 단백질은 대체 불가능한 것이 아니기 때문이다("우리 문화가 육식 문화인 것은 동물성 단백질이 대체 불가능하기 때문이라고 누구에게 믿게 하겠는가?"〔같은 곳〕). 결국 육식에서 오는 생리적 만족이란 상실한 대상을 그대로 자기 안에 보존하기 위해 선택된 상징적 절차에 따라 오는 부수적이며 우연적인 결과이다. 그런데 또 동물의 경우 대상을 흡수하기 위한 그 상징적 절차는 '문자 그대로' 그 대상을 '먹는' 형태로 이루어진다는 의미에서, 흡수의 작동 방식은 실질적이다. 이런 의미에서 시체가 동물일 때, 자기 안에 그것을 흡수하는 방식은 상징적인 동시에 실질적인 것이다.

그러나 대상이 동물이 아니라 인간일 경우 흡수는 이와 다른 방식을 취한다. "시체가 '인간'일 때 작동 방식은 상징적이다."(같은 곳) 식인은 실질적으로 이루어지지 않고 오로지 상징적으로만 이루어진다. 다르게 말하자면 모든 식사는 식인의, 또는 타인을 나에게 흡수하는 절차의 상징적 작동이다. 성체 성사의 의식 속에서 상실된 대상을 내 몸 안에 모시는 일이 빵과 포도주라는 상징적 먹을거리를 통해 이루어지듯이 말이다. 이런 관점에서 보자면 결국 채식주의도 식인 행위에서 자유롭지 못하다. "**채식주의자들 역시 동물, 심지어 인간도 먹는다.** 그들이 거부하는 것은 다른 차원에 속한다."(IFBM, 296) 채식의 선택, 식물을 먹는 일 또한 식인의 상징적 절차이며, 채식주의자들이 거부하는 바(육식)는 먹는 일의 가능 근거로서의 식인이 아니라, 그 가능 근거를 통해 열린 식사라는 경험적 지평 속에서 각종 취향과 덕목에 따른 금지 대상이다.

이렇기에 육식의 권장과는 사실상 거리가 먼 우리 시대 웰빙의 권장 식단의 배후에서도 식인적 합체를 발견할 수 있는 것이다. 잘 알려져 있다시피 웰빙의 식단에서 강조되는 것은 육식이 아니라 오히려 유기농 야채이다. "웰빙족들은 순수 자연에서 나온 무공해 먹을거리를 선호한다. 값은 비싸도 몸에 해가 없는 무공해 유기 농산물을 즐긴다. 육식보다 청정한 과채류를 더 잘 먹는다. 단백질도 동물이 아니라 식물에서 섭취한다."[16] 그러나 이것은 모두 타자를 흡수하는 식인 행위를 비식인적인 우리 문화 안에서 구현하는 상징적 절차이다. 웰빙의 관심사는 무엇인가? 그것은 타자를 환유적으로 잘 먹는 것이다. "물음은 더 이상 타자를 '먹는' 것이 '맛있는지' 또는 '먹는' 것이 '잘하는 일인지' 어떤지를, 그리고 어떤 타자를 먹을지를 아는 것이 아니다. ……어쨌든 '잘' 먹어야 '하기' 때문에, 그리고 〔타자를 먹는 것이〕 좋고 맛도 있기 때문에, 또한 여기서 잘(bien)이 〔타자를 잘 먹는다 외에〕 다른 정의(定義)를 가지지 않기 때문에, '어떻게 잘 먹어야' 하느냐와 같은 물음이 생긴다."(IFBM, 296) 타자를 먹고 안 먹고가 문제가 아니라, '어떻게 타자를 잘 먹어야 하는가'가 웰빙의 관심거리이다. 즉 유기농 식품이건 채식이건, 식물성 기름으로 만든 요리건 어떤 상징적 절차를 거쳐 타자를 흡수하는 식인을 구현시키는가가 웰빙의 유일무이한 고민이다.

16 「자연을 먹고 바른다」, 중앙일보 2004년 5월 6일, C1쪽.

4

그래도 여전히 '잘 먹어야 한다'.

맞는 말이다. 그런데 웰빙은 자신이 도덕적 격률로 삼고 있는 이 '잘 먹어야 한다'는 명제를 충분히 숙고했는가? 잘 먹어야 한다. '누가' 잘 먹어야 하는가? 앞서 보았듯 웰빙의 답은 명확하다. 식인적 주체, 타인을 흡수하는 '나'라는 주체가 잘 먹어야 한다. "계속되는 전쟁과 질병 등의 대재앙이 '내 〔나의〕 존재'의 중요성과 소중함을 수시로 일깨워주고 있는 요즘, 웰빙은 이제 우리 모두에게 행복과 기쁨의 이데아로 자리 잡았다. 모든 이들에게 민족중흥보다 더욱 중요한 '역사적 사명'이 돼버린 웰빙."(ST, 196) 타인들이 죽어가는 전쟁과 질병 같은 대재앙 앞에서, 웰빙의 주체는 내 존재의 중요성과 소중함을 깨닫는다. 그는 마치 이웃들이 흑사병으로 죽어가는 마을 한가운데서 혼자 잔치를 벌이는 영주와도 같다. 이토록 이기적인 주체를 보았는가? 웰빙의 주체는 타인을 위하여 있는 주체가 아니다. '잘 존재함(Well-Being)'에서 이 존재함(Being)은 타인의 존재함이 아니라 오로지 '나의' 존재함인 것이다. 나의 존재를 '잘' 살찌우는 것이 바로 웰빙이다. 그러나 이것은 '잘 먹어야 한다'는 명령에 대한 충분한 숙고인가? 그리고 과연 잘 먹어야 하는 주체가 오로지 자아일 때 이 자아는 정말로 웰빙을 구현할 수 있는가? 장정일의 「요리사와 단식가」는 이 질문에 대해 해답을 주고 있는 작품이다. 이 시는 식인을 상징으로 대체하는 비식인 문화라는 매개를 거치지 않고, 모든 먹는 일의 초월적 근거인 식인에 '직접' 접근해보는 사고 실험 – 이라기보다는 비현실적인 '공상' – 을 통해 식인적 주체의 궁극적인 운명을 밝히고 있다. 301호에 사는 여자는 고독으로부터 벗어나기 위해 끊임없이 요리를 하고 또 그것을 먹는 인물이다. "어느 날, 세상 요리를 모두 맛본 301호의 외로움은 인육에게까지 미친다. 그래서 바싹 마른 302호〔에 사는 여자〕를 잡아 스플레를 해먹는다. ……외로움이 모두 끝난 것일까? 아직도 301호는 외롭다."[17] 이 이야기는 식인적 주체의 궁극적 운명은 바로 '고독'이라고 말하고 있다. 그의 고독은 세상의 모든 대상을 자기 소유의 황금으로 만들어버리고 근본적인 고립에 빠진 미다스 왕의 고독과 같은 것이다. 이런 주체에게 구원이 도래할 수 있는가? 구원은 기본적으로 주체를 변화시키는 사건이다. 구원에 대한 희구는 결코 현재 상태가 유지되기를 추구하지 않는다. 그런데 주체의 소유물 또는 주체의 계산과 계획과 통제 안에 들어 있는 사건들은 주체에 의해 변화를 겪을지언정 주체를 변화시킬 수는 없다. 만일 변화시킨다면, 주인이라는 말의 문자 그대로의 뜻을 생각해볼 때, 그는 그를 변화시킨 대상 또는 사건의 주인(주체)일 수 없을 것이다. 따라서 구원은 자아의 소유물 밖에서, 자아의 계산과 계획 바깥으로부터(그러므로 전적으로 자아와 '다른' 이질적인 것으로부터) 찾아오는 것일 수밖에 없으며, 결국 '모든 것'을 소유하고 계획할 수 있는 자에겐 구원이 도래할 수 없다. 레비나스라면 이렇게 말했을 것이다. "존재는 〔자기 소유물과 계획 바깥의〕 이 이타성(altérité)을 스스로 줄 수 없다. ……자기 혼자의 힘으로 자신을 구제하는 일, 그리고 전적으로 혼자서 스스로 구제하는 일은 불가능하다. ……구원은 오로지 다른 곳으로부터만 올 수 있다."[18]

그런데 자기의 소유가 될 수 없는 타자에 대해 무지한 이 주체에게 허락된, 그의 계획 안에 다 들어오지 않는 하나의 사건, 주체 자신이 통제할 수

17 장정일, 『길안에서의 택시잡기』, 민음사, 1988, 24쪽.

18 E. Levinas, *De l'existence à l'existant,* Paris:J. Vrin, 1963(초판:Fontaine, 1947), 159쪽(약호 EE).

없는, 주체와 전적으로 '다른' 타자가 한 가지 남아 있다. 바로 주체가 그도래를 통제할 수도 계획할 수도 없는 '죽음'이 그것이다. 모든 것을 잡아먹을 수 있는 식인 주체를 기다리고 있는 손님은 오로지 죽음 밖에 없는 것이다. 홀로 있는 고독에서 시작해 유일무이한 미래로서 죽음만이 허락된 이 주체의 삶을 우리는 냉소와 비웃음을 섞지 않고 어떻게 좋은 삶(웰빙)이라 부를 수 있겠는가? 홀로 있는 주체가 과연 잘 먹어야 하겠는가? 잘 먹은 그는 과연 행복하겠는가?

'잘 먹어야 한다'는 격률의 의미를 더 깊이 숙고해보아야 한다. 데리다는 이렇게 말한다. "'잘 먹어야 한다'의 주체에 대한 무한히 환유적인 물음은 자아, 잘 못 먹을 한[한 사람의] 자아(un moi)에 대해서만 영양을 공급해서는 안 된다. ……**그 물음은 '공유'되어야 한다. ……'잘 먹어야 한다'는 무엇보다도 자기 안에 취하고 파악하는 것을 의미하는 것이 아니라, 먹는 일을 배우고 먹도록 베푸는 것, 타자에게 먹도록 베푸는 것을 배움을 의미하는 것이다. 우리는 결코 혼자서 먹지 않는다. 이것이 '잘 먹어야 한다'의 규칙이다. 이것이 무한한 환대(hospitalité)의 법이다.** ……잘 먹어야 한다는 것은 하나의 격률로서…… 타자에 대한 존중을 함축한다."(IFBM, 296~297) 하나의 격률로서 '잘 먹어야 한다'의 주체는, 우리 시대 웰빙의 사유와 달리, 바로 타인이라는 것이다. 잘 먹어야 한다의 숨은 뜻은 바로 '타인을 잘 먹게 해야 한다'라는 것이다. 그런데 왜 잘 먹어야 한다의 주체는 타인인가? 그리고 혹시라도 웰빙이 포기되거나 잊혀질 수 없는 것이라면, 저 격률의 주체를 타인으로 세우는 일은 진정한 웰빙으로 우리를 인도해 줄 수 있을 것인가?

5

사실 웰빙이 어제오늘 나타난 우리들만의 관심사는 아니다. 하나의 화두로서 웰빙은 그 나이조차 헤아리기 어려운데, 우리의 것이기 이전에 이미 그리스인들의 것이었다. 아마도 그리스인들의 가장 중요한 관심사가 바로 잘 사는 것, 웰빙이었다고까지 말해야 할 것이다. 소크라테스의 모든 탐구가 유래했던 저 근본 주장이 알려주듯이 말이다. "우리는 그저 사는 것을 가장 소중하게 여길 것이 아니라, 잘 사는 것을 가장 소중히 여겨야 한다"(『크리톤』, 48b). 그저 사는 것, 그저 존재하는 것이 아니라 잘 존재하는 것, 잘 사는 것, 즉 웰빙이 바로 그리스인들의 관심사였다. 반면 북쪽 나라 왕자의 위대한 석성, 존재할 것인가 존재하지 않을 것인가(to be or not to be)는 그리스인들의 고민이 아니다. 그들에겐 존재하지 않는 것, 살지 않는 것이 문제가 아니라 존재하는 것이 문제이며, 그것도 잘 존재하는 것, 잘 사는 것, 웰빙이 문제이다. 왜냐하면 '잘'이라는 꾸밈말 속에 내재하는 '좋음'만이 가져다줄 수 있는 선물인 **"행복은 필연적으로 존재 안에 발판을 지니며, 이런 이유로 존재는 비존재**(ne pas être) **보다 낫기**"(EE, 9) 때문이다. 따라서 '존재하기를 그만둘 수는 없는 것이다'. 그런데 재미있게도, 그리고 어렵고도 역설적이게도, '비존재'보다 '존재'를 낮게 생각했던 그리스인들은 웰빙, 즉 '잘 존재하는 것'을 '존재 바깥에서', '존재의 저편에서' 찾았다. "좋음〔선〕은 존재(ousia)가 아니며, 존재 저편에 있다."(『국가론』, Ⅵ, 509b) 어떻게 존재의 저편에 좋음이 있는데, 좋게 존재하는 일, 즉 웰빙이 가능한가? 좋음이 존재의 저편에 있다면, 존재를 저버리는 일이 곧 좋음에 다가가는 일이 아닌가? 얼어붙은 북유럽의 고성에서 구시렁거리는 햄릿처럼 '존재하지 않음(not to be)'의 문제에 몰두해야 하는 것이 아닌가? 좋음이 '존재의 저편'에 있다면, 좋게, 훌륭하게, 잘 '존재하는' 일(웰빙)은 모순이 아닌가? 그러나 거꾸로, 존재의 저편에 좋음이 있음에도 불구하고 여전히 좋게 존재하는 일이 가능하다면, 그것은 존재의 저편으로 넘어가는 일, 즉 존재와 다르게(autrement qu'être) 되는 일은 존재하지 않는 일과는 전혀 상관이 없을 것이다. 가령 레비나스 같은 이는 이 점을 이렇게 명시하고 있다. "〔존재의 저편으로〕 넘어감(passer)이란 존재와 다르게 됨, 존재의 '타자'에게로 가는 것이다. …… 이것은 '더 이상 존재하지 않게 되는 것'이 아니다. 즉 여기서 넘어감은 죽음이 아니다."[19] 잘 존재하기 위해 존재를 넘어선다는 것이 존재하지 않는 일, 곧 살지 않는 일이 아니라면 무엇일까? 존재함은 늘 나의 존재함이다. 존재는 모든 규정을 넘어서는 보편성을 지니지만, 모든 존재하는 것들의 의미는, 하나의 특수한 존재함인 나(주체)의 존재함을 통해 해명된다. 가령 펜과 양피지라는 존재자의 존재함은 그 의미가 그것을 사용하는 주체인 나의 존재함에 종속되어 있는 것이다. 이렇게 내가 사용하고 이해할 수 있는 모든 존재자의 존재함은 나의 존재함에 종속된 것이라는 점에서 존재함은 늘 나의 존재함이다. 그런데 바로 이 '존재함의 타자(l'autre)'가, 내가 사용할 수도 없고, 이해를 통해 개념에 매개시킬 수도 없는 그런 자가 있으니 그가 바로 타인(autrui)이다. 타인이 나의 존재함에 종속된 것, 즉 내가 사용하거나 이해할 수 있는 자가 아니라, '나의 존재함의 타자'라는 점을 가령 카프카는 애인 밀레나에 대한 어떤 회한 속에서 이렇게 암시하고 있다. "우리는 나란히 앉아 있었는데, 당신이 나를 밀쳐냈습

---

19 E. Levinas, *Autrement qu'être ou au-delà de l'essence*, La haye: Martinus Nijhoff, 1974, 3쪽(약호 AQE).

20 프란츠 카프카, 박환덕 옮김, 『밀레나에게 보내는 편지』, 범우사, 2003, 90쪽.

니다. ……아주 슬픈 생각이 들었어요. 당신이 거절했기 때문이 아니라, **당신을 마치 마음대로 다룰 수 있는 어떤 말없는 여인처럼 다룬 자신이 ……슬펐던 것입니다.**"(1920년 6월 15일)[20] 저 슬픔 속에서 카프카가 깨닫고 있는 것은 밀레나는 주체의 존재함에 매개될 수 없는 자, 나의 존재함의 영역 안에서 '마음대로 다룰 수 없는 존재의 타자'라는 것이다.

그런데 존재의 타자에게 좋음이 있는가? 만일 주체가 자신의 유한성을 넘어 무한한 시간, 곧 '영생'을 얻고자 한다면, '그렇다'고 대답할 수 있어야만 한다. 왜냐하면 존재의 타자란 나의 존재함에 매개되지 않은 것, 즉 어떻게도 한정짓지 않은 것, 바로 '무한'이기 때문이다. 그런데 이 무한은 나의 무한인가? 어떻게 이 무한한 시간, 흔히들 영생이라 부르는 시간을 나의 시간으로 받아들여, 좋게, 잘 존재할 수 있는가? 바로 나의 존재함에 대해서 보다 더 존재의 타자인 타인에 대해 몰두하는 것이 이 무한을 나의 시간, 즉 나의 희망과 걱정거리로 선물받는 길이다.

이제 왜 잘 먹어야 한다는 격률, 나의 존재에 대한 더할 나위 없는 몰두처럼 보이는 이 심오한 명령의 주체가 내가 아니라 타인인지 알 것 같다. 존재의 타자인 무한을 유한자가 영접하는 방식, 타인을 영접하는 방식, 즉 그에게 '나 자신에게 보다 더' 몰두하는 방식이 바로 나의 입에 들어갈 빵을 가져다 그를 잘 먹이는 것이기 때문이다. 타인이 잘 먹어야 한다. "**'잘 먹어야 한다'는…… 타자에게 먹도록 베푸는 것을 배움을 의미하는 것이다.**"(IFBM, 296~297) "베푼다는 것…… 그것은 자신의 입에서 빵을 꺼내어 나는 배고프면서, 타인의 허기를 달래는 일이다."(AQE, 72) 이것이 잘 존재하는 것, 존재 저편에 있는 좋음을 선물받는 길이다.

잘 먹어야 하는가, 또는 식인종으로 사는가?

이 기로에 세워진 올바른 표지판이 만일 잘 먹어야 하는 것이라면, 타인이 잘 먹어야 하며 우리도 잘 먹어야 한다. '식인종이었던' 우리는 무엇을 잘 먹어야 하는가? 무엇을 먹어야 잘 산다는 소리를, 웰빙을 하고 있다는 찬사를 받을까? 타인의 입에 빵을 먹일 때, 웰빙을 추종하는 주체는 그의 존재함(Being)에 잘(Well)이라는 꾸밈말을 허락해주는 것, 바로 좋음(선)을 먹고 있는 자이다. '선을 잘 먹어야 한다.' 이것이 웰빙의 권장 식단이다. 저 대리석 주랑 아래서 그리스의 선생들이 살찐 시민들에게 권했을 그 식이 요법, 가령 어떤 현대인이라면 이런 어투로 그의 요리책에 써두었을 그 식단 말이다.

"타자에 대한 존중에서의 숭고한 우아함은 또한 '잘 먹다' 또는 '좋음을 먹다'의 한 방식이다. **좋음**[le Bien, **선**]**도 먹혀진다. 좋음을 잘 먹어야 한다.**"(IFBM, 297)

현대성을 어떻게 이해할 것인가?

박상기
영어영문학과

얼마 전에 「노이즈 오프 Noises Off」라는 연극을 봤다. 사실 그 연극은 제목이 암시하듯 무대 밖에서 들려오는 소리로 가득한 연극이었다. 무대 위에서도 여러 사람이 말을 많이 하지만 의미가 잘 형성되고 전달되지 않았다. 그런 까닭에 연극의 한 인물은 사건을 인과 관계로 설명하려 여러 번 시도하고 잇단 실패를 통하여 그런 설명이 불가능함을 드러낸다. 그런 의미에서 그 연극은 언어가 의미 없는 소음이 되었다 사라지는 것을 보여 준다. 연극을 보기 위하여 입장할 때 그 연극의 '스태프'라 인쇄된 명찰을 목에 둘러줬다. 그 명찰은 일종의 입장권 역할을 하였다. 매우 기발한 아이디어라는 생각이 들었다. 그것이 곧 그 연극의 일부임을 알아차릴 때까지. 그 연극은 극중극 「노싱 온 Nothing On」을 무대에 올리는 연극이었다. 이 제목 또한 무대에서 많은 일이 일어나지만 의미 있는 일은 거의 일어나지 않는 상황을 암시한다. 명찰에 의하여 나는 관객에서 스태프가 되었고 내 뒤 관객석에서 극중극의 감독, 즉 그 연극의 연기자가 극중극의 연기자들에게 지시하였다. 이런 극중극에 관한 리허설은 극중극의 연기로 이어졌고 나중에는 무대가 반 바퀴 회전하더니 극중극을 연기하는 같은 장면을 무대 뒤에서 다시 한 번 보여 주는 방식으로 연극이 진행되었다.

이 연극은 여러 면에서 현대성을 잘 나타낸다. 무엇보다 극중극이라는 형식을 채택함으로써 현대성의 특징 중 하나인 '자기 반영성(self-reflexivity)'을 드러낸다. 자기 반영성은 대상 자체가 '무엇'인가보다 그것을 '어떻게' 보는가를 중요시하는 경향이다. 자기 반영성은 소설을 쓰는 것에 관한 소설, 영화를 만드는 것에 관한 영화, 그림을 그리는 것에 관한 그림, 연극을 만드는 것에 관한 연극 등 여러 방식으로 나타난다. 물론 세르반테스도 『돈키호테 *Don Quixote*』에서 '액자소설'이라는 소설 속의 소설 기법을 사용하지만 소설을 쓰는 것 자체에 관한 본격적 논의는 현대에 와서 가능하였다. 이렇게 현대는 질문이 '무엇'에서 '어떻게'로 전환되는 특징을 보인다. 그런 까닭에 "예술이 무엇인가?"보다 "예술을 어떻게 볼 것인가?"가 중요하게 된다. 이런 현상은 대상을 객관적으로 설명하기가 어렵거나 대상을 여러 방식으로 보여줄 수 있기 때문에 발생한다. 대상 자체보다 그것을 어떻게 보느냐가 중요하다는 것은 이미 19세기 말에 인상주의에서 나타난 사고의 전환이다. 이것은 또한 그 당시 제기되었던 문제인 '관점'의 다양한 가능성과 밀접한 관계가 있다. 후에 복수적 관점은 큐비즘의 미술로 표현된다. 이런 현상은 주로 '삼인칭 전지적 화자(third-person omniscient narrator)'의 관점에서 대상의 객관적 재현을 전제했던 리얼리즘의 몰락과 밀접한 관계가 있다. 이제 관심은 더 이상 대상 자체보다 가변적 관점에 주어지게 된다.

한국의 영화에서도 홍상수 감독은 영화 「오! 수정」을 통하여 현대적 특성을 잘 드러낸다. 이 영화는 영화를 만드는 것에 관한 영화라는 자기 반영성을 보여준다. 케이블 TV 구성 작가인 수정, 같은 프로그램 담당 PD인 영수, 그리고 영수가 독립 영화 제작자로 재정적인 도움을 받으려 하는 그의 부유한 후배 재훈이 그 영화의 주요 등장인물이다. 그 영화의 자기 반영성은 영화의 주요 인물들이 영화 제작과 관련을 맺는다는 사실에서 나타난다. 또한 영화의 자기 반영성은 영화 중간에 갑자기 등장한 영화의 시작을 알릴 때 편집용으로 사용하는 숫자 표시에 의하여 강조된다. 영화를 천연색이 아닌 흑백으로 만든 것도 그것이 영화라는 사실을 환기시키는 '낯설게 하는 효과'를 만든다. 또한 재훈과 수정이 고궁의 벤치에서 만나는 장면은 각자의 관점에서 다르게 반복된다. 여성의 입장에서는 남성이 치근거리는 것으로 보이고 남성의 입장에서는 여성이 매달리는 것으로 표현된다. 반복되는 같은 장면은 어느 것이 실제로 일어난 일인지를 더 잘 나타내지 못한다. 단지 감정이 깊숙이 개입된, 서로 상반된 관점만을 드러낼 뿐이다.

자기 반영성은 결국 대상이 무엇인가보다 그것을 어떻게 볼 것인가에 관한 물음이라 할 수 있다. 이런 경향을 이해하기 위하여 19세기에 무슨 일이 일어났는가를 살펴보는 것이 필요하다. 한마디로 19세기는 18세기 계몽주의까지 추구하던 사고방식이 붕괴되었던 '혁명의 시대'였다. 계몽주의(Enlightenment)는 그 명칭에 포함된 '빛'으로 상징된 보편적 이성에 근거하여 진리를 추구하였다. 한마디로 모든 문제에 관하여 일종의 정답을 주려는 시도였다. 칸트는 「계몽이란 무엇인가? What is Enlightenment?」에서 개인의 직책에 따른 이성의 '사적 사용'과 대조하여 누구나 이성에 근거하여 어떤 문제든 제기할 수 있는 이성의 '공적 사용'을 강조한다. 이성의 공적 사용은 누구나 납득하고 따를 수 있는 보편 법을 구성하는 수단이 된다. 그것은 곧 의사 표현의 자유를 통하여 보편적 관점을 제시하려는 것이다. 그런 목적을 달성하기 위하여 푸코가 '사물의 질서'라 일컬은 범주화를 통한 위계질서의 구성 같은 인지적 작업이 매우 중요하다. 문학에서 흔히 '거대한 존재의 사슬(The Great Chain of Being)'로 표현되듯 모든 것이 보편적 위계질서 속에 위치하는 것이다. 예를 들어 영문학에서 알렉산더 포프는 『인간론 *Essay on Man*』에서 인간을 천사와 동물 사이에 위치한 보편적 인간으로 설명하였다. 이것은 신이 창조한 위계질서라는 고전적 전통에 근거한 것이지만 점차 이성에 근거한 위계질서로 대체된다. 신은 이신론(deism)에서 우주의 이성적 위계질서를 상징하는 '시계'를 만든 존재로 비유된다. 중세와 다르게 신은 합리적 법칙에 따라 규칙적으로 움직이는 우주를 만들고 그것에 더 이상 계시 등을 통하여 간섭하지 않는다. 현대에는 궁극적으로 신을 완전히 배제하고 이성에만 근거하여 설명하려는 경향이 주류를 형성한다.

계몽주의의 보편적 이성 추구는 서구의 기계론(mechanism)과 밀접한 관계가 있다. 기계론은 대상을 물질로 보고 그것을 부분들의 결합체로 여긴다. 기계론은 이미 16세기에 다빈치의 해부학 그림에서 잘 나타난다. 해부학은 인간의 몸에 신적이거나 형이상학적인 의미를 부여하지 않고 단지 물질로 대상화할 때 가능하다. 이렇게 대상을 신적, 형이상학적 의미가 배제된 물질 자체로 보는 방식인 현대적 의미의 물질주의가 발전한다. 다빈치와 동시대인인 마키아벨리가 『군주론 *Prince*』 서문에서 물질을 대상 자체로 논하듯이 정치를 설명하겠다고 한 것이 기계론적 경향을 잘 나타낸다. 17세기에 합리주의를 대표하는 데카르트는 '방법적 회의'를 통하여 신적, 형이상학적 요소를 물질 분석에서 제외하려 하였다. 그는 신적 개념에서 완전히 자유롭지 못했지만 인간을 '생각하는 물질(thinking thing)'로 정의한다. 이 정의는 "나는 생각한다. 그러므로 존재한다"라는 유명한 주장의 요약판이라 할 수 있다. 사고의 주체는 사고의 대상인 물질로 정의되고 사고와 분리되어 공간을 차지하는 '외연(extent)'으로 설명된다. 현대의 물질주의는 대상에 대한 구체적 경험에서 출발하는 경험론에서 더욱 중요시된다. 그런 까닭에 논리도 베이컨에 의하여 그 당시까지 잘 사용되지 않았던 귀납이 강조되었다. 이렇게 현대적 물질주의는 대상을 구체적 물질에서 출발하여 보편적 법칙으로 발전시키는 귀납적 논리의 강조로 나타난다. 현대적 물질주의는 대상을 명확하게 분석하고 종합할 수 있다는 기계론에 근거한 것이다.

해부학은 전체를 구성 요소인 부분으로 나눈다는 점에서 분석적이다. 이런 분석적 사고는 당시의 원근법 그림에서도 잘 나타난다. 원근법은 소실점을 중심으로 하나의 관점에서 대상을 위치의 비례에 따라 크기를 달리하여 배치하고 표현한다. 이런 분석적 경향은 17세기를 대표하는 데카르트를 통하여 잘 표현된다. 그의 『방법 서설 *Discourse on Method*』에서 첫 번째 원리는 신적, 형이상적 요소를 제거하는 방법적 의심에서 출발한다. 두 번째 원리는 전체를 이해하기 쉽게 단순한 부분으로 나누는 것이다. 세 번째 원리는 적절한 순서에 따라 단순한 부분을 결합하여 복잡한 전체를 구성하는 것이다. 네 번째 원리는 이 모든 과정에서 빠진 것이 있는지를 검토하는 것이다. 첫 번째 원리인 방법적 의심은 대상 자체를 보려는 노력으로 18세기에 칸트에 의하여 계승된다. 칸트가 '성숙'이라 일컬은 계몽은 신적이거나 형이상학적인 것을 포함한 모든 외적 권위에서 자유로운 것이다. 이것은 이성의 공적 사용을 통하여 모든 것을 의심할 수 있는 것으로, 사고와 의사 표현의 자유에 근간을 이룬다. 후에 프랑크푸르트학파는 이성의 공적 사용을 모든 것을 단기적 목표에 종속시키는 '도구적 이성(instrumental reason)'에 대조하여 '비판적 이성(critical reason)'으로 설명한다. 데카르트의 분석과 종합의 원리는 다섯 개의 공리에 근거하여 여러 정리를 설명하고 그 정리에 의하여 모든 공간 개념을 설명하는 유클리드 기하학 같은 수학적 체계의 특성을 가진다. 이런 수학적 체계성은 X와 Y 좌표로 대상을 측정하는 '분석기하학(analytic geometry)'을 이용해 대수와 기하를 통합한 수학자 데카르트에게 우연이 아니다. 대상을 물질로 보고 그것을 분석하고 종합하는 사고는 '시계'로 상징되는 현대의 기계론을 탄생시킨다.

기계론은 전체를 부분으로 나누고 다시 부분을 조합하여 전체를 구성한다는 점에서 원자적 성격이 강하다. 원자(atom)란 그리스어 단어〔*ατομος*, a(not)+tomein(divide)〕로 '나눌 수 없는' 단위를 의미한다. 즉,

전체를 더 이상 나눌 수 없는 구성 단위로 나누고 그것을 다시 적절한 순서에 따라 전체로 조립하는 것이다. 그런 까닭에 분석적인 데카르트는 대상을 나누어 설명하기 위하여 구성 단위의 '명징성(clarity)'과 구성 단위들의 관계의 '구별성(distinction)'을 중시한다. 이런 분석과 종합의 기계적 성격은 현대적 맥락에서 그것을 동적으로 재구성하여 설명하는 들뢰즈에게서 분절과 접속의 속성을 가진 '기계성'으로 나타난다. 그리스어의 나눌 수 없는 원자는 라틴어 단어〔individualis : in(not)+dividere(divide)〕로 변형되어 개인(individual)으로 발전한다. 한마디로 개인은 사회를 구성하는 나눌 수 없는 기본 단위인 것이다. 그런 까닭에 현대적 기계론이 본격적으로 발전하였던 17세기에 개인주의에 관한 논의가 광범위하게 발전하게 된 것은 우연이 아니다. 결국 부분과 전체의 문제는 개인과 사회의 문제로 표현되고 사회 구성의 기계론적 표현은 홉스의 『리바이어던 *Leviathan*』에서 가장 잘 나타난다. 그는 사회를 시계처럼 스프링과 바퀴에 의하여 움직이는 '인공적 생명'을 가진 '자동인형'에 비유한다. 또한 법을 이성, 합의를 건강, 소요를 질병, 내전을 죽음으로 비유하여 설명한다. 이렇게 개인이든 사회든 생명을 기계적으로 설명하려는 시도는 해부학의 발전과 밀접한 관계가 있다.

17세기에 본격적으로 발전한 기계론은 사고를 체계화하여 사회 발전에 획기적으로 기여한다. 그것이 농업에 적용되었을 때 체계적 농업에 의하여 생산성이 급증한 '농업혁명(Agricultural Revolution)'이 일어난다. 현대의 합리적 사고는 농기구의 발명, 품종 개량, 종자 개량 등 대상에 대한 실험을 촉진한다. 이런 현대적 실험 정신은 식량을 급격히 증가시킨다. 식량 증가는 인구 증가를 야기하고 생산과 수요의 증가로 이어져 '산업혁명(Industrial Revolution)'의 사회적 조건을 형성한다. 17세기에 본격적으로 나타난 비판 정신은 사고의 자유를 가능하게 하여 창의성을 조장하고 체계화와 결합되어 산업혁명을 가능하게 한다. 물론 산업혁명의 기계론은 효율성의 증가와 함께 인간의 기계화라는 부작용을 야기한다. 이미 계몽주의가 한창인 18세기에 루소는 이성의 강화에 의한 감성의 약화를 경고하였다. 다른 한편에서 흄은 기계론적 설명 방식의 핵심인 기계적 인과 관계에 의한 설명을 개인의 습관이나 사회의 관습에 의한 '연상 작용'으로 설명하였다. 루소의 비판은 문학에서 기계론에 의한 인간성의 말살을 비판하면서 인간의 감성을 강조하는 낭만주의로 발전한다. 흄의 비판은 19세기를 거치면서 기계적 인과 관계의 붕괴를 통하여 현대의 확률의 시대로 이어진다.

19세기 후반에 등장한 비유클리드 기하학은 기계론의 근간을 이뤘던 원자론의 붕괴만큼이나 기계론에 충격을 가한다. 유클리드 기하학은 19세기 중반까지 거의 2천 년 가까이 절대적 진리로 군림하였다. 그것은 17세기 데카르트의 분석적 설명의 근간을 이뤘고, 18세기 칸트의 계몽주의에서 보편적 진리 추구의 모델이 되었다. 그러나 공간에 관한 새로운 설명 체계인 비유클리드 기하학의 등장은 공간이 여러 개의 객관적 설명 체계로 설명될 수 있다는 사실을 보여준다. 공간에 관한 설명은 더 이상 하나의 설명 체계로 설명되어야 하는 것이 아닌 까닭에 그것의 성격에 맞는 적절한 설명 체계를 선택하는 것이 중요하게 된다. 이런 변화는 문학에서 19세기 중엽 『반지와 책 *The Ring and the Book*』이라는 작품에서 로버트 브라우닝이 하나의 사건을 사건 자체보다 그것에 관한 여러 개의 이야기에 초점을 맞추는 방식으로 표현한다. 즉, 사건은 객관적으로 존재하는 것이 아니라 이야기하는 방식에 의하여 구성되는 성격이 강해진다. 19세기 후반에는 문학에서 헨리 제임스가 적극적으로 '관점' 자체에 관하여 문제를 제기한다. 더 이상 3인칭 전지적 화자 같은 보편적 관점이 존재하지 않는 상황에서 관점에 관심을 갖게 되는 것은 당연하다. 루이스 캐럴은 『이상한 나라의 앨리스 *Alice's Adventures in Wonderland*』에서 상황, 주체, 대상이 계속 변하는 상황에서 관점의 문제를 제기한다. 일종의 '난센스 문학(nonsense literature)'이 생기는데 이것은 '의미가 없는 것(no sense)'이 아니고 상황, 주체, 대상의 변화 때문에 의미가 있던 것이 없어지거나 의미가 없던 것이 의미를 띠는 상황을 나타낸다.

19세기 변화에 관한 관심 또한 기계론적 분석에 문제를 제기한다. 계몽주의에서 추구하였던 보편적 설명 방식은 범주화와 위계질서를 중요시한다. 여기에서 가장 큰 문제는 변화를 설명할 수 없다는 것이다. 다윈은 『종의 기원 *The Origin of Spieces*』에서 생물의 변화를 설명하기 위하여 기본 개념인 '종(spiece)'을 사용한다. 진화론적 설명은 범주와 위계질서에 근거한 기계론적 설명의 문제점을 드러낸다. 종은 무엇보다 같은 종에 속한 생물의 교배 가능성에 의하여 결정된다. 그러나 유사한 다른 종과의 경계는 교배 가능한 잡종의 출현으로 명확하게 구분하기 어렵게 된다. 또한 종과 그것의 하위 단위인 '변종(variety)'과의 구별은 그것의 개체 수와 거주 범위에 의하여 결정된다. 그러나 환경의 변화에 따라 변종으로 구분되었던 것이 개체 수가 늘어나고 거주 범위가 확대되면 종으로 구분되어야 하는 상황에 도달할 수 있다. 즉, 진화론은 계몽주의에서 추구하였던 고정된 범주화와 위계질서가 불가능함을 보여준다. 진화론이 제기하는 또 하나의 문제점은 모든 것이 끊임없이 변하는 진화의 세계에서 사물의 '기원'을 설명하는 것이 불가능하다는 사실이다. 진화론에서 설명할 수 있는 것은 단지 어떤 상태에서 다른 상태로 변하는 것을 설명할 수 있을 뿐이다. 그런 까닭에 개념적으로 기원을 설명하는 형이상학보다 구체적으로 변하는 상태를 추적하는 '계보학(genealogy)'이 중요하게 된다. 역설적이게도 다윈의 『종의 기원』은 책의 제목이 암시하는 고정된 의미에서의 '종'과 '기원' 모두 설명하기 불가능한 상황을 보여준다.

19세기 후반 들어 변화에 대한 강조는 고정적 분석에 근거한 기계론의 비판으로 이어진다. 니체는 고정적 '존재(being)'와 대조하여 가변적 '생성(becoming)'을 강조하였다. 그는 삶 자체가 변하는 것이기 때문에 대상을 고정시키고 분석하는 기계론은 삶의 변화를 설명할 수 없다고 비판한다. 이런 삶의 변화에 대한 주장은 다윈의 진화론의 영향을 반영한 것이다. 니체의 변화에 대한 관심은 서양의 언어 구조에 대한 비판으로 나타난다. 그는 서양의 논리와 문법의 근간을 마련한 아리스토텔레스를 따라 전통적 논리학이 명제를 주어와 술어로 설명하는 것에 문제를 제기한다. 예를 들어 "번개가 친다"라는 명제는 대상을 행위의 주체인 행위자를 전제한 표현이다. 그러나 번쩍이는 번개를 보고 우르릉하는 천둥소리를 들을 수 있지만 그것이 전제하는 주어로서 행위자를 볼 수 없다. 그럼에도 불구하고 서양의 언어 체계에서 행위자로서 주어가 전제되고 술어가 그 주어에 종속된다. 이런 언어 습관은 사건이나 행위를 변화가 아닌 고정된 대상으로 생각하게 만드는 문제를 야기한다. 변화를 강조하는 현대적 사고는 이런 고정된 사고에 반기를 든다. 한마디로 현대적 사고에서 다양한 사고만큼이나 동적 사고가 중요하게 된다.

현대의 여러 사상가가 동적 사고를 가능하게 하는 주어보다 동사를 강조하는 경향을 드러낸다. 푸코는 '사물의 질서'에서 사물들의 존재 조건을 따진다는 점에서 질서를 부여하는 동사를 강조한다. 계몽주의에서 강조하였던 사물들의 위계질서보다 그런 위계질서를 가능하게 하는 구성적 관계 형성이 더 중요하게 된다. 즉, 사물의 질서를 이해하기 위하여 사물의 질서 만들기를 이해해야 하는 것이다. 푸코는 고정적 존재의 본질을 추구하는 것과 대조하여 변하는 것의 존재 조건을 추적하는 것으로 설명하고 그것을 니체의 예에 따라 '계보학'이라 부른다. 사실 니체의 계보학은 개체를 환경과의 관계 그리고 같은 종이나 다른 종과의 관계에서 생명의 변화 과정으로 추적했던 다윈의 영향을 받은 것이다. 개체의 생존 가능성은 동적 '먹이 사슬' 관계에서 자유로울 수 없다. 이런 변하는 관계를 고려하는 전통에 따라 푸코는 행위와 그 조건을 동적 구조의 관계에서 설명하려 한다. 하이데거는 니체를 설명할 때 "의지가 그 의지를 의지한다(Will wills its will)"라는 표현을 쓴다. 일반적으로 명사로 사용되는 의지는 여기에서 조동사가 아닌 동사가 되고, 또한 그것의 목적어로 사용되기도 한다. 이것은 니체의 '권력에의 의지(will to power)'를 설명한 것이다. 그것은 삶의 특성이 동질화하고 확장하는 성격을 가진 것으로서, 명사의 동사화와 자기 반영성을 활용한 문장으로 표현된 것이다. 몸이 여러 이질적인 음식을 먹고 소화하고 흡수하여 성장하듯 생명은 대상을 자신에게 맞게 동질화하여 확장하는 특성을 가진다고 설명한다.

명사를 동사로 만드는 현상은 동적 변화를 강조하는 현대에서 많이 찾아볼 수 있다. 데리다는 언어의 기본 조건으로 '공간화(spacing)'를 설명한다. 공간화는 흔히 명사로 사용되는 공간이라는 단어를 동사화한 표현이다. 데리다에 의하면, 언어는 단어들의 연결에 따른 각각의 순서와 위치에 의하여 표현된다. 예를 들어, "나는 공부한다"라는 문장에서 '나는' 다음에 '공부한다'가 순서대로 위치해야 한다. 또한 각 단어 사이의 공간, 즉 '나는'과 '공부한다' 사이의 적절한 공간이 언어의 의미를 결정한다. 그런 까닭에 "나는공 부한다."는 전혀 의미 없는 문장이 된다. 어떤 언어를 이해한다는 것은 의미 있게 만드는 적절한 순서와 공간을 인식한다는 것이다. 이런 의미에서 현대적 사고에서의 공간은 단순히 '빈 공간'이 아니라 의미를 구성하는 공간이 된다. 예를 들어, 컵의 의미는 컵 자체보다 컵이라는 물체 안에 무엇인가를 담을 수 있게 하는 공간이다. 이런 맥락에서 현대 미술의 다양한 실험적 행위 예술을 이해할 수 있다. 액션 페인팅의 '드리핑(dripping)' 기법을 사용했던 잭슨 폴록(Jackson Pollock)의 그림이 보여주듯, 그림은 더 이상 그려진 고정된 미술품이 아니라 그것을 그리는 동적 행위와 불가분의 관계를 가진다. 공간에 관한 사고의 변화는 현대 건축에서도 잘 나타난다. 에어컨과 전기 조명의 발달과 함께 철근 콘크리트의 개발은 다양한 형태의 조형을 가능하게 하여 현대 건축을 매우 동적인 형태를 갖게 한다. 또한 현대 건축에서 공간은 더 이상 단순히 빈 것이 아니라 건물을 구성하는 중요한 요소가 된다. 심지어 공간을 따라 움직이는 동선의 중요성을 강조한 건물이 등장하게 된다. 공간은 더 이상 이미 만들어진 고정된 공간이 아니라 동적으로 구성하는 공간이 된다.

연극 「노이즈 오프」 역시 현대의 동적 사고를 잘 드러낸다. 무대를 반 바퀴 회전시킴으로써 무대의 앞과 뒤가 바뀐다. 과거의 전통적 논리에서 앞은 앞이고 뒤는 뒤다. 이것은 동어 반복으로 들리는 너무나 당연한 말 같지만 전통 논리의 가장 중요한 특성을 보여준다. 전통 논리의 제1원리인 '동일률(law of identity)'에서 앞은 앞이어야 한다. 만약 앞이 뒤가 되면 그것은 이율배반이 되어 '모순'으로 배제된다. 즉, '모순율(law of contradiction)'은 동일률을 전제한 것이다. 또한 앞과 뒤가 섞이면 앞을 설명할 수 없기 때문에 앞과 뒤는 섞일 수 없는 상반된 개념이다. 이것은 전통 논리에서 섞여 있는 중간 것을 배제한다는 의미에서 '배중률(law of excluded middle)'이라 부른다. 그런데 「노이즈 오프」는 무대를 회전시킴으로써 무대의 앞이 뒤가 되고 뒤가 앞이 되게 만든다. 또한 같은 장면을 반복함으로써 같은 사건도 앞에서 보는 것과 뒤에서 보는 것에 따라 어떻게 다른지를 보여준다. 이런 방식으로 현대의 동적 사고는 고정된 변화를 배제한 전통 논리에서 불가능했던 현상들을 가능하게 한다. 그런 까닭에 전통 논리에서 배제하려 하였던 모순적 상황을 변하는 관점에서 다양한 가능성으로 보여준다.

19세기 후반에 옥스퍼드 대학의 수학과 교수였던 루이스 캐럴은 『이상한 나라의 앨리스』에서 현대의 동적 사고를 다양한 방식으로 재현한다. 앨리스는 몸의 크기가 커졌다 작아짐으로써 자신이 흘린 눈물의 호수에 빠지는 모순적 상황을 경험한다. 이 눈물 호수에 큰 동물이 풍덩 하면서 뛰어들었을 때 그녀는 연상 작용에 의하여 물에 사는 큰 동물인 물소나 하마를 생각한다. 그러나 그녀의 생각과 달리 그것은 몸집이 작아진 그녀의 눈에 크게 보였던 쥐였다. 또 다른 장면에서 몸집이 작아진 그녀는 강아지를 만난다. 그녀는 습관대로 "귀여운 작은 강아지"라고 말한다. 그러나 곧 그녀는 상대적으로 자신보다 큰 강아지에게 밟힐까 봐 피해 다닌다. 일반적 상황에서는 어린 강아지가 작고 귀엽다. 그러나 몸집이 작아진 앨리스는 자신보다 훨씬 큰 강아지를 더 이상 작다거나 귀엽다고 말할 수 없게 되는 모순된 상황에 처한다. 이렇게 앨리스가 경험한 이상한 나라에서는 상황의 변화에 따라 모순적 상황이 자주 발생한다. 목이 길어진 앨리스는 더 이상 닿지 않는 자신의 발에게 편지를 써서 보내려는 생각을 한다. 앨리스의 이상한 세계에서는 상황뿐만 아니라 자신도 계속하여 변한다. 이렇게 자주 변하는 상황에서 앨리스는 자신이 누구인지를 고정적으로 설명하기가 점점 더 어려워짐을 깨닫게 된다.

루이스 캐럴과 동시대를 살았던 프로이트 역시 현대의 동적 사고를 잘 반영한다. 그는 전통적으로 중시되던 의식과 대조하여 무의식을 강조하면서 그것이 가장 잘 나타나는 꿈을 통하여 설명한다. '꿈-작업(dream-work)'은 의식의 검열 작용을 피하기 위하여 '압축(condensation)'과 '전치(displacement)'에 의하여 꿈의 내용이 표현되는 것을 설명한다. 꿈에서 하나의 이미지는 흔히 여러 개의 이질적인 것이 결합되고 압축되어 이루어진다. 압축은 단일한 요인에 의한 기계적 인과 관계를 나타내는 단일 결정과 대조를 이루는 '중복 결정(overdetermination)'을 의미한다. 전치는 심리적 강세가 하나의 대상에서 다른 대상으로 이동하는 것을 의미한다. 꿈에서 관심의 초점은 별로 중요하지 않아 보이는 대상으로 자주 이동한다. 꿈-작업 때문에 의식 세계의 의미화는 항상 '뒤늦게(belatedly)' 이루어지고 의미는 고정되는 것이 아니라 항상 다른 의미의 가능성에 열려 있다. 독일어 단어 'Nachträglichkeit〔Nach(after)+tragen(carry)〕'는 이 동적 의미화 과정을 잘 나타낸다. 예를 들어, 어릴 때 끔찍한 경험은 고통스런 감정 때문에 억눌리고 그 의미를 이해하지 못하는 경우가 많다. 그것은 어른이 된 후에 악몽으로 반복되고 그때에 비로소 이해가 된다. 물론 이런 뒤늦게 부여된 의미는 다시 변하는 상황에 따라 다른 의미를 갖게 될 수 있다. 이런 의미에서 프로이트의 무의식은 기계적 인과 관계를 불가능하게 하는 압축 그리고 의미의 고정을 불가능하게 하는 전치에 의하여 전통적인 기계론적 설명을 불가능하게 만든다.

프로이트의 '기괴함'에 관한 설명은 현대의 동적 논리 구조를 잘 드러낸다. 독특한 정신 현상인 기괴함은 독일어에서 'unheimlich'로 표현되고 영어에서 'uncanny'로 번역된다. 이것은 자아와 타자, 꿈과 현실 등 이분법적 구별의 한계를 가로지를 때 발생하는 호기심과 두려움을 동시에 야기하는 현상이다. 즉, 전통적 논리에서 배제하는 상반된 것이 공존하는 모순적 현상을 의미한다. 이것은 낯선 것에서 낯익은 것을 발견할 때도 가능하지만, 프로이트는 특히 낯익은 것에서 낯선 것을 발견할 때 나타나는 현상으로 설명한다. 예를 들어, 어느 날 거울에 비친 자신의 모습에서 낯선 느낌을 받는 것 같은 현상이다. 프로이트의 설명에서 특이한 것은 일반적으로 개념을 고정적으로 규정한다고 여기는 사전적 개념 규정을 예로 들면서 기괴함의 모순적 현상을 설명한다. 기괴함의 독일어 'unheimlich〔heim(home)+lich(ly)〕'를 영어로 번역하면 'unfamiliar'가 된다. 그것은 번역된 영어의 낯섦보다 훨씬 복잡한 현상을 의미한다. 프로이트는 기괴함을 그것의 반대 개념인 낯익음(familiarity)을 이용하여 설명한다. 낯익음은 독일어나 영어 모두에서 나타나듯이 한 집안(family)에 속한 것이기 때문에 익숙하고 편한 상태를 의미한다. 그러나 역으로 그 집안에 속하지 않은 사람에게는 숨겨지고 비밀스러운 것이 된다. 이런 방식으로 프로이트의 동적 논리에 의하여 낯익음은 낯섦으로 변하게 된다. 그런 까닭에 그는 낯익음이 낯섦을 포함하는 개념이라 설명한다. 과거에는 불가능했던 상반된 개념이 낯익음에서 낯섦으로 변할 뿐만 아니라 결과적으로 낯익음이 낯섦을 포함한다는 주장이다. 또한 프로이트는 여기에서 숨겨지고 비밀스러운 것에서 파생된 의미인 "숨겨져야 했으나 드러나버린" 것이란 사전의 용례를 찾아낸다. 이런 정의는 과거의 고정적 논리에서 불가능했던 숨겨짐과 드러남의 절묘한 결합에서 발생하는 것이다.

현대성을 한마디로 설명하기는 쉽지 않다. 그러나 모든 것을 물질로 환원하고 그것을 분해하고 조립하는 분석적 경향을 드러내는 기계론과 그것을 바탕으로 보편적 합리성에 따라 모든 것을 설명하려는 계몽주의가 중요한 역할을 한다. 이런 근대적 사고가 19세기에 다윈과 프로이트를 통하여 동적인 사고가 되고 비유클리드 기하학에 의하여 다양한 관점의 가능성을 드러내는 현대적 사고로 전환된다. 대상 자체를 분석했던 기계론은 대상 자체보다 그것을 어떻게 이해하고 전달하는가를 중시하는 자기 반영성을 드러내는 현대적 사고로 대체된다. 이렇게 현대 사회는 산업혁명을 거친 사회 변화에 상응하는 역동성과 다양성을 가진 사고를 필요로 한다. 이런 사고의 변화는 후에 정보혁명이 가져올 또 다른 차원의 변화를 직면하게 된다.

법과 문학, 문학법리학

김경수
국어국문학과

일반적으로 '법'과 '문학'은, 그 존재 이유는 물론 탐구의 주체나 대상, 그리고 목적이 전혀 별개인, 이질적인 두 주제 혹은 영역으로 인식되고 있다. 상식적으로 알려진 두 용어의 정의만 보더라도 이러한 인식은 자연스러워 보인다. 일반적으로 법은 어떤 공동체의 주체들(사람들, 조직, 기업체)로 하여금 어떤 특정한 행동이나 관계를 금하거나 허용하기도 하고 더러는 명령하기도 하는 일련의 행위의 규칙들을 일컫는다. 그리고 이런 법은 정의에 대한 공동체의 합의에 의해 그 권위를 보장받으면서 나름의 체계를 형성한다. 반면에 문학은, 새삼스럽게 말할 필요도 없이 인간이 정신적으로 경험하는 자유로운 상상의 세계를 언어로 구축해낸 텍스트들을 총칭한다. 시, 소설, 드라마와 같은 특별한 장르들이 우리가 통상 문학이라 부르는 것의 구체적 형상인 것은 물론인데, 여기에 넓게는 민담이나 전설 같은 구술적 텍스트들도 포함된다.

이런 외견상의 정의로만 보면 법과 문학은 쉽사리 그 친연성이라든가 인접성을 상정할 수 없는 별개의 것으로 인식되기 쉬운데, 그러나 실제로 법과 문학은 원론적으로 보거나 역사적으로 보더라도 인간의 삶의 문제와 관련하여 일란성 쌍둥이처럼 서로 떼려야 뗄 수 없는 긴밀한 관계를 맺고 있다. 일차적으로 법과 문학은 그것이 공히 사람들의 삶을 규정하거나 해석하고 묘사한다는 점에서 공통점을 갖는다. 법과 문학을 함께 논의할 수 있는 맥락은 여러 가지가 있지만, 그중에서도 양자 공히 언어를 매개로 하여 그 구체적인 표현을 얻고 나름의 체계를 형성하고 있다는 점은 특별히 강조될 필요가 있다. 위에서 말했듯이 문학이 언어 구조물임은 주지의 사실이거니와 법 또한 마찬가지이다. 불문법(不文法)이 존재하지 않는 것은 아니지만, 오늘날 전 세계 사람들의 일상적인 삶을 규율하는 모든 법은 국가 차원의 입법기관에서 일정한 절차를 밟아 제정되는 성문법(成文

法)으로서 역시 언어라는 매재(medium)를 통해 그 존재를 드러내는 것이다. 헌법은 물론이거니와 그 하위의 성문법들인 법률, 명령, 규칙, 조약, 조례 등도 여기서 예외가 아니다.

따라서 법과 문학이 언어를 통해 구체적 형상을 갖추게 되는 만큼, 언어를 통해 표현되는 법적 담화(legal discourse)라는 것이 또한 문학적 담화(literary discourse)와 긴밀한 관계를 유지하고 있을 것임은 쉽사리 유추할 수 있다. 그리고 같은 이유에서 우리는 오늘날 전 세계적으로 이른바 '법과 문학'(혹은 '문학과 법')이라는 학제적 연구가 독자적인 인문학의 분야로 자리 잡게 된 것은 물론, 미국을 포함한 전 세계의 여러 나라 로스쿨 제도에서 같은 이름의 강좌가 개설되고 활성화되고 있는 현실을 이해할 수 있게 된다. '법과 문학'은 위와 같이 법과 문학이 "그 출발에서부터 언어를 통해 현실을 구조화한다는 기본적인 상동성과 더불어 연구가 시작된"[1] 테마다. 법과 문학이 모두 인간의 현실적 삶에 미치는 영향이라는 측면에서 독립적으로 연구할 만한 가치가 충분한 것은 물론이다. 그럼에도 불구하고 오늘날 이들 영역에 대한 연구가 '법과 문학'이라는 학제적인 연구 분야로 통합되고 있는 것은, 그러한 학제적 연구가 문학과 법을 개별적으로 연구할 때와는 다른 측면에서 인간과 사회를 바라보는 새로운 시각을 열어주고, 그러한 접근법이 역으로 법과 문학의 고유성에 대한 이해를 진척시키는 것은 물론 점차 인접 학문 영역 간의 경계를 넘어서 통합되어가는, 그럼으로써 인간에 대한 보다 깊이 있고 심도 있는 이해를 도모하는 인문학의 목표와도 적절하게 부합하기 때문이다.

법과 문학의 밀접한 관계를 이해하기 위해서는 아마도 이 둘이 공유하

---

1 Dolin Kieran, *Fiction and the Law: Legal Discourse in Victorian and Modernist Literature*, Cambridge: Cambridge u.p. 1999, 8쪽

고 있는 특성을 인식함으로써 출발하는 것이 올바를 것이다. 그중에서도 가장 근간이 되는 것은 법과 문학이 일차적으로 허구(fiction)라는 점에서 공통된다는 점이다. 허구란 실재하는 것이 아닌, 어떤 상상된 것, 가상의 것을 말하는데, 이것은 사람들이 자신들의 사회적 현실을 규정함에 있어서 없어서는 안 될 어떤 모형이라고 할 만하다. 이를테면 "인간은 합리적 동물이다"라는 진술은 어떤 경험을 통해 입증된 진술이라기보다는 선험적으로 설정된 진술이며 따라서 일종의 허구라고 할 만하다. 그리고 이런 허구는 그것이 상정됨으로써 인간의 자기 이해는 물론 그것에 근거한 문화의 구축을 가능케 한다는 점에서 그 효율성이 입증된다. 허구가 거짓말(lie)과 달리 하나의 문화적 장르로서 인간 사회에서 자리 잡고 있는 이유는 여기에 있다.

법과 문학이 공히 인간을 규정하고 인간이 꿈꾸는 이상 사회의 모양새를 언어적으로 선취하는 패러다임의 역할을 담당한다고 하는 사실이 인정된다고 할 때, 바로 뒤이어 인식되어야 할 사항은 법과 문학의 인간 이해와 그 방향이 그 본질에 있어 대척적이라는 사실이다. 즉, 법은 인간 사회에서 통용되는 예절이나 윤리의 최소한으로서, 인간 삶의 어떤 꼴을 틀 짓고 규정한다. 말하자면 법은 인간 공동체의 유지와 존속을 위하여 인간이 어떤 행위를 하면 안 되고 또 해도 되는지를 원칙적으로 규정하는, 다분히 처방적(prescriptive)이고 규범적인 양식이다. 예컨대 뇌사 판정이라든가 대체 판결, 그리고 법인(法人)의 인정과 같은 사례가 그렇다. 그러나 문학의 인간 이해와 그 방향은 그와는 다르다. 상상력의 소산으로서 문학은, 인간이 추구해야 할 삶은 어떤 것인가를 끊임없이 묻고, 또 그런 삶을 위해서는 어떤 인식의 전환이 수반되어야 할 것인지 등의 탐색을 통해 늘 새로운 인간 이해를 도모해왔다. 따라서 법과 대비적으로 정의한다면, 문학은 이른바 '가능 세계(possible world)'라는 맥락에서 인간에 대한 기술적(descriptive) 이해를 지향하는 열린 허구의 양식이라고 할 수 있다.

미국의 법철학자 제롬 브루너는 이런 맥락에서 법과 문학을 대비시켜, "궁극적으로 이것(가능 세계를 지향하는 서사적 허구)은 현실적인 것, 규범적인 것을 인지하는 우리들의 습관을 변화시키는 힘을 갖고 있다"[2]고 말하고, 여기서 더 나아가 이른바 '가능한 것의 예술'로서의 문학은 "우리가 이미 알고 있는 세계로부터 추출된" 세계이지만, 동시에 "궁극적으로 현실적인 것, 규범적인 것을 인지하는 우리들의 습관을 변화시키는 힘을 갖고 있"[3]다고 말한다. 여기서 브루너가 말하는바 서사적 허구와 대비적으로 사용되는, '현실적이고 규범적인' (인간에 대한) 정의가 법이라는 것은 두말할 나위도 없다. 그리하여 그는 "우리 인간이 (법으로 대표되는) 잘 정의된 실용적인 세계와 문학(특히 서사)의 도전적인 세계와 더불어 살아가며, 따라서 서로 긴밀히 결합되어 있는 이 두 세계에 대한 통찰을 잃어버렸을 때 우리들의 삶은 편협해질 수밖에 없다"[4]고까지 말하고 있는 것이다.

브루너가 말하는바 법과 문학의 긴밀한 상보적 연관 관계를 확인하기란 그리 어렵지 않다. 가까운 예로서, 우리는 도스토예프스키의 『죄와 벌』이나 『안나 카레니나』 및 카프카의 『심판』이나 카뮈의 『이방인』 같은 작품들이 한결같이 법과 정의의 문제를 천착해 들어가고 있는 작품임을 알고 있다. 그리고 더 거슬러 올라가면 셰익스피어의 「리어 왕」과 「베니스의 상

---

2 Jerome Bruner, Making Stories: Law, Literature, Life, Harvard u.p., 2002, 94쪽.

3 앞의 책, 같은 쪽.

4 앞의 책, 102쪽.

인」, 그리고 소포클레스의 「안티고네」를 위시한 고대 그리스의 수많은 서사시와 비극들도 한결같이 문제적인 주인공들과 당대 사회의 (법)제도와의 길항을 본질적인 주제로 하고 있음을 보여주는데, 인간의 정의와 결부되어 있는 선악(善惡)의 문제로까지 시각을 확대할 경우, 우리는 「창세기」에 나오는 에피소드인 아브라함과 이삭의 삽화마저도 보는 시각에 따라 이러한 인간적 정의와 신적(법적) 정의 사이의 긴장에 관한 문제를 제기하고 있는 에피소드임을 쉽사리 확인할 수 있다.

이렇듯 고대에서부터 현대에 이르기까지 세계 문학사에 길이 남을 수많은 문제작들은 선과 악, 자유 의지와 결정론, 그리고 죄와 벌 등 개별적인 인간이 세상을 살아감에 있어서 부닥칠 수밖에 없는 보편적인 존재론적 문제를 그 주된 탐색의 대상으로 삼고 있음을 알 수 있는데, 여기서 우리는 이른바 문학적 상상력이란 것이 그리 단순한 것이 아니라는 점을 분명히 알 수 있다. 그러니까 위에서 논의의 편의상 인간의 자유로운 상상력의 언어적 표현으로 규정된 문학적 상상력이란, 사실은 단순한 환상이 아니라 한 사회의 의미와 가치, 이상과 규범을 약호화하는 법적 상상력의 세계를 이해하는 수단이자 동시에 끊임없이 그와 길항하면서 현실 질서의 변형이나 재규정을 위한 가능성을 탐색하는 상상력이라고 부르는 편이 사실상 타당한 것이다.

미국의 법철학자 마사 누스바움은 이러한 맥락에서 문학적 상상력, 그중에서도 특히 소설적 상상력을 공공의 상상력(public imagination)이라고 부른다. 주지하는 것처럼 소설은 인간이 창조해낸 많은 서사 양식 가운데 가장 뒤늦게 출현한, 그러나 오늘날 그 어느 장르보다도 가장 대중성을 확보하고 있는 역동적인 장르다. 서사란 곧 이야기를 말한다. 그리고 이야기란 수많은 옛날이야기들이 말해주는 것처럼, "인간 존재의 경이와 기이성과 타협하기 위해" 만들어진, 인류의 오래된 민간 예술이다. 앞서 살펴본 구체적인 문학 작품의 존재에서 알 수 있는 것처럼, 이런 서사에는 서사시와 드라마, 그리고 소설 등이 모두 포함되는데, 누스바움은 그중에서도 특히 소설의 존재에 주목한다. 그것은 소설이 역사상의 수많은 서사 양식 가운데 유일하게 살아 있는 형식으로서, "우리 문화에 대해 여전히 도덕적인 진지성을 지녔으면서도 대중적인 우리 문화의 허구 형식"[5]이기 때문이다.

다시 누스바움의 말을 빌리면 소설은 "일반적인 인간적 열망과 그러한 열망을 가능케 하거나 방해하는 특별한 사회적 삶의 형식들 사이의 상호 교섭을 주제"로 하는 장르인 셈이다. 이런 맥락에서 누스바움은 소설을 통해 구현되는 문학적 상상력이 시민 정신의 이론과 실제에 본질적인 것이라고 주장하면서, 소설이 고대 그리스의 서사시와 비극이 담당했던 역할을 그대로 이어받고 있다고 말한다.

> 비극의 관객들처럼, 소설의 독자들도 인물들에게 일어난 일을 그들의 관점에서 경험하면서 인물들의 곤경에 공감할 뿐만 아니라 인물들의 불행이 실제로 심각하며 그들의 과오로부터 발생한 것이 아니라는 방관적 판단을 담고 있는 공감을 넘어서는 연민을 갖게 된다. ……서사시와 비극에 대해 요구했던 고대의 연민의 전통은 이제 소설에 요구되고 있다. 이러한 복합적인 정신의 투사야말로 다른 사람들의 고통과 역경을 완전히 측정하기 위해 필수적이며, 그리고 이러한 감정은 완전한 사회적 합리성을 위해 반드시 필요하다.[6]

5 Nussbaum, Poetic justise:The Literary Imagination and Public Imagination, Beacon Press, 1995, 6쪽.
6 Nussbaum, 앞의 책, 66쪽.

20세기의 소설이론가 가운데 소설의 발생과 관련하여 주목할 만한 저서를 낸 바 있는 헝가리 태생의 문학이론가 게오르그 루카치는, 그의 저서 『소설의 이론』에서 오늘날의 소설 장르를 그리스 시대의 서사시와 견주어 설명한 바 있다. 그는 총체성이 지배하던 형이상학적 고향 속에서 인간의 영혼이 안주하고 있던 그리스의 역사철학적 상황의 산물이 서사시인 반면, 그러한 총체성이 사라져버린 시대의 서사시가 바로 소설이라고 말한다. 다시 말하면 소설은 "신에 의해서 버림받은 세계의 서사시"로서 "선험적 고향 상실성"[7]의 형식이라는 것이다.

소설 장르의 기원에 관한 루카치의 위와 같은 견해는 오늘날 일반적으로 받아들여지고 있는데, 누스바움의 위와 같은 진술은 문학의 효용론적 관점에서도 오늘날 소설이 그리스 시대의 서사시와 긴밀하게 연관되어 있다는 점을 보여준다는 점에서 매우 흥미롭다. 어쨌든 소설과 그것으로 대표되는 문학적 상상력을 위와 같이 공공의 상상력으로 정의하고 있는 누스바움의 입장은, 문학이 제공하는바 타인에 대한 인간적인 동정과 연민 없이는 법의 집행이 맹목일 수밖에 없다는 것으로 이어진다. 말하자면 불의에 대한 분노 없이는 정의라는 이름에 합당한 처벌을 할 수 없으며, 힘없고 억눌린 사람들에 대한 연민의 감정 없이는 평등과 같은 사회 정의를 온전히 구현할 수 없다는 것이다. 이러한 맥락에서 누스바움은 "문학적 상상력이 시민 정신의 이론과 실제에도 본질적"[8]이라고 말하면서, 소설로 대표되는 서사 문학에 대한 이해가 "일반적으로는 공공의 이성, 특별히는 법에 기여할 잠재적 가능성을 가지고 있"[9]다고 말한다.

---

7 게오르그 루카치, 반성완 옮김, 『소설의 이론』, 심설당, 1985, 113쪽, 47쪽, 그 밖의 이곳저곳 참조.

8 Nussbaum, 앞의 책, 52쪽.

9 Nussbaum, 앞의 책, xv.

이러한 누스바움의 입장은 문학(작품)이 법률가들과 판관들로 하여금 중요한 도덕적 교훈을 배우도록 도와준다고 하는 로스쿨에서의 '법과 문학'의 존재 이유를 단적으로 보여줌과 동시에 문학에 대한 전통적인 인식의 지평을 넓혀주는 데에도 일조한다. 앞서 문학적 상상력을 "한 사회의 의미와 가치, 이상과 규범을 약호화하는 법적 상상력의 세계를 이해하는 수단이자 동시에 끊임없이 그와 길항하면서 현실 질서의 변형이나 재규정을 위한 가능성을 탐색하는 상상력"이라는 말을 한 바 있거니와, 소설에 대한 이런 인식은 그것이 다른 장르와는 구별되는 '공공의 상상력'의 표현이며 시민 정신과 밀접하게 연관되어 있다고 하는 누스바움의 지적을 통해서도 분명히 환기되고 있는 것이다.

이런 의미에서 '법과 문학'의 학제적 연구가 자체의 권역 혹은 그 연장선상에서 이른바 '문학 법리학(literary jurisprudence)'이라고 하는 새로운 통합적 학문 영역을 지향하고 있는 것은 자연스럽고도 매우 의미심장한 현상이라고 할 만하다. 학제간 연구란 것은 기존의 전통적인 분과학문으로는 감당할 수 없었던, 혹은 분과 학문들의 전문적인 세분화로 인해 필연적으로 놓쳐버릴 수밖에 없었던, 인간과 세계에 대한 어떤 인식의 절실성의 결과인 동시에 새로운 비전을 창조할 수 있는 발판이라고 할 수 있다. '법과 문학'의 교점에 대한 학제적 연구가 '문학법리학'이라는 이름으로 새롭게 전환되고 있는 저간의 사정 또한 이러한 맥락에서 이해될 수 있는데, 그것은 법과 문학이 서로를 비춰봄으로써 이전과는 다른 차원의 의미를 획득하게 되고, 그것은 그대로 두 학문이 공통으로 겨냥하고 있는 인문학에 대한 새로운 인식을 초래할 수 있다는 가능성이 충분히 확인되었기 때문일 것이다.

일반적으로 법리학이란 법철학과 법이론에 대한 이론적 탐구를 말하는 것으로, 법의 본질과 법적인 사유의 본질 등을 보다 깊게 이해하고자 하는 이성적 작업을 일컫는다. 우리가 무슨 이유로 어떤 근거에서 법에 복종해야 하는지를 묻는 작업이 이에 포함될 텐데, 이런 작업은 또한 도덕철학이라든가 정치철학의 핵심 문제이기도 하다.[10] 그런데 이런 법리학의 물음은 사실상 문학 본연의 임무라고 해도 과언은 아니다. 위에서도 언급한 것처럼 고전시대에서부터 현대에 이르기까지 문제적인 문학 작품이 보여주고 있는 것은 인간 개인과 그를 둘러싼 세계 사이의 본질적인 상호 작용의 그것으로서, 궁극적으로는 개인이 변화하는 시대와 그에 수반되는 도덕적 혼란 속에서 어떻게 세계와 새로운 관계를 맺으면서 자신의 정체성을 정립할 것인가 하는 문제 제기인 것이기 때문이다.

영문학자 멜라니 윌리엄스(Melanie Williams)는 널리 알려진 플라톤의 동굴의 비유를 끌어와 이 관계를 설명한다. 그는 플라톤의 동굴의 비유를 어둠 속에서 합리적 진전을 이루려는 인간의 투쟁에 대한 상상적 전망으로 해석하면서, 공적인 차원에서의 법과 소설(문학)의 상동성을 다음과 같이 역설한다.

> 실존적(개인과 세계의 관계가 '상호적'이라는 의미에서) 비전에 의해 상정되는 동굴과 도전이라는 이미지는 모두 그 형식과 내용 양 측면에서 소설을, 윤리적 모형화를 위한 일종의 토론장으로, 그리고 우리가 동굴과 붕괴된 가치체계의 세계 속에서 우리의 실존에 의해 야기된 도덕적 문제들을 탐험할 수 있는 수단으로서 사용하는 것과 긴밀히 관련된다.
>
> 법리학과 문학은 비록 다양한 기원과 목적을 가진 행위이지만, 모두 그러한 문

10 http://en.wikipedia.org/wiki/Jurisprudence

> 제들에 관심을 가지며, 그것들을 탐색함에 있어서 철학에 대한 공유된 의존이라는 점에서 함께 결합된다. 덧붙어 말하면, 법과 문학은 모두 지배적인 가치들을 **거부하고** 동시에 그러한 가치들을 **문제 삼는** 문화적 행위로 간주될 수 있다.[11]

윌리엄스의 위의 말은 법과 소설이 이질적인 것이 아니라 인간의 실존과 결부되어 삶의 매 시기마다 제기되는 윤리적 혼돈과 도덕적 공백 상태에 대한 일정한 문제 제기라는 점을 분명히 하고 있다. 그와 아울러 위의 말은 철학과 법을 이성의 추구에 위임된 행위로, 그리고 문학은 신뢰할 수 없는 상상의 유희 정도로 서로 분리해서 이해하는 것이 온당치 못하다는 것을 다시금 일깨워주는데, 이러한 입장은 위대한 서사 문학이란 "문제 해결에의 교훈이 아니라 문제를 발견하도록 이끄는 초대"[12]의 역할을 한다고 하는 브루너의 명제와 거의 동일하다.

지배적인 가치를 승인하는 동시에 문제 삼는 일란성 쌍생아로서의 법과 문학의 숙명적인 길항 관계는 다시금 그 두 장르가 빚지고 있는 언어의 문제에서 조명될 수 있다. 인간의 실존을 둘러싼 새로운 전망과 이미 있어 왔던 전망 사이의 갈등의 불가피성은 본질적으로 오늘날 일상적인 삶을 규정하는 법적 담화가 성문법의 형식으로 존재하고 있기 때문에 벌어지는 형국이라고 해도 틀리지 않는다. 앞서도 살펴본 것처럼, 오늘날 사람들의 일상적인 삶을 규율하는 모든 법은 국가 차원의 입법 기관에서 일정한 절차를 밟아 제정되는 성문법(成文法)으로서, 언어 없이는 스스로의 존재를 드러낼 수 없다. 그런데 이 성문법의 체계는 입법 과정과 절차상의

11 Melanie Williams, *Empty Justice: One Hundred Years of Law, Literature and Philosophy*, Cavendish Publishing Limied, 2002, 6쪽.

12 Jerome Brumer, 앞의 책, 20쪽.

복잡성으로 인해 급변하는 사회적 현실을 발빠르게 따라가지 못한다는 치명적인 약점을 지닌다. 말하자면 법은 그것이 공동체의 삶에 대한 최소한의 도덕적 규정인 까닭에, 과거로부터 있어온 관성적인 삶을 판단하고 규정하는 데에는 적절한 참조점은 될 수 있지만 새롭게 부상하는 다채로운 삶의 모양새를 조명하거나 비준할 만큼의 전향성은 본질적으로 가지지 못하는 것이다.

20세기를 거쳐 21세기로 오는 과정에서 인류 사회의 삶의 패턴이 급변하면서 야기된 도덕적 혼란과 공백은 이루 말할 수 없을 정도다. 낙태는 말할 것도 없고 동성애자들의 권리 및 그들의 양육권 문제가 전 세계적으로 논란이 되고 있는 것은 우리 모두가 익히 알고 있거니와, 그 외에도 호주제 폐지와 관련하여 벌어졌던 우리 내부의 논란이라든지 가톨릭에서 여(女)사제의 인정을 둘러싼 논란이라든가 유럽에서의 이슬람 복장 착용을 둘러싼 논란 등의 사례가 보여주듯, 오늘날 우리가 살고 있는 사회는 다양한 가치관들이 발흥하여 그것들이 기존 삶의 형식과 윤리관과 충돌하고 있는 역동적인 사회다. 그리고 기존의 법질서나 규범과 마찰을 빚는 여러 가지 새로운 가치관 및 사고의 대두는, 많은 경우 특정 사회에서 소외되어 있거나 주변부로 밀린 약자들의 삶 및 가치론적으로 다수의 의견과 배치되는 입장에 선 소수자들의 존재와 긴밀히 연관되어 있다. 위에서 거론한 특정 문학 작품들의 면면만 보더라도 이런 점은 충분히 납득되리라 믿는다.

따라서 결론적으로 우리는 다음과 같이 말할 수 있다. 인류의 자기 이해의 방편으로서의 문학 서사란 기존의 삶의 질서를 의심하고, 제도와 길항하는 삶의 균열 바로 그 점에 주목하여 새로운 가치관을 탐색하는 장르다. 오늘날 이 몫은 특정적으로는 소설이라는 장르의 몫으로 온전히 이전되었다고도 할 수 있는데, 이런 문제 제기를 통해 소설은 인간학으로서의 법리학이 자체의 영역과 인식을 심화시키는 계기를 제공한다. 그런 의미에서 문학과 법은 자체의 존재를 확인하는 일종의 거울 역할을 하는 것은 물론, 서로를 통해서만 스스로를 갱신할 수 있는 관계에 놓인 숙명적인 동반자라고 할 수 있다. 그럼에도 불구하고 문학은 20세기를 거치면서 주로 미학적인 차원에서만 향수되고 또 조명됨으로써 자체에 부여된 위와 같은 공공성을 상당 부분 도외시해버렸다.

이러한 의미에서 '법과 문학'이 다분히 법 자체에 중심으로 두고 문학 작품으로부터 일정한 자극을 받아 자체의 전망을 확장하는 방향에서 진행되는 학문이라고 한다면, '문학법리학'은 '법과 문학'이 제기하는바 문제성을 받아들이면서 동시에 그간 다분히 편협하게 이해되어왔던 문학 작품들을 공공의 상상력이라는, 보다 넓은 맥락에서 다시 읽고 해석하는 새로운 차원의 해석학으로 규정지어도 좋을 듯하다. 단순히 미학적 견지에서 작품을 읽고 해석하는 것이 아니라 다양한 전망들 위에서 작품의 의미를 적극적으로 해석하는 이러한 작업은 일차적으로 오늘날 변두리 장르로 밀려나고 있는 문학을 다시금 소생시키는 계기가 될 것이지만, 궁극적으로는 종합적 인문학으로서의 문학의 가능성을 탐색하는 의미 있는 돌파구가 될 수도 있을 것이다. 그리고 그랬을 때 하나의 학제적 전망으로서의 '법과 문학' 혹은 '문학법리학'은 그 나름의 존재 의의를 더욱 명확히 할 수 있게 될 것이다.

신(新)종교심리학의 관점에서 본 현대 죽음 연구의 이해

김재영
종교학과

1

세상에 존재하는 모든 인간은 지위, 부, 명예에 관계없이 반드시 죽는다. 어떤 인간도 죽음을 회피하거나 극복할 수 없다. 아마도 죽음은 인간 현상 중에서 가장 보편적인 현상 가운데 하나이다. 일상적인 삶 속에서도 죽음 현상은 대중 매체, 신문 기사, 들려오는 수많은 이야기들, 영화나 예술 속에서도 쉽게 찾아볼 수 있다. 인간의 삶이 존재하는 한 죽음은 인간에게 없어지지 않고 늘 따라다닐 것이다. 앙드레 말로가 그의 책 『죽음의 여정』에서 지적하였듯이 "이토록 멋진 인간이 되는데 70년간의 엄청난 수고와 노력이 들었는데, 바로 그때 죽음이 우리를 기다리고 있다". 근원적으로 삶을 성찰해보면 삶의 궁극적 과정은 죽음을 맞이하는 데 존재한다고 해도 그렇게 벗어난 얘기는 아닐 것이다. 죽음은 인간의 삶과는 분리될 수 없는 실존적이고 현실적인 문제이므로 결코 추상적이고 사변적인 문제가 아니다. 정말로 죽음은 어느 누구도 피할 수 없는 사실이다.

그러나 우리가 살아가고 있는 현대 문화는 어느 곳에서도 심각하게 죽음에 대한 문제를 고려하고 있지 않다. 오히려 현대 문화는 죽음을 거부하거나 부정함으로써 현재의 삶이 영원히 지속될 것이라는 불멸성에 절대적 가치를 두고 있는 듯하다. 조금만 생각해보면 이러한 생각은 환상임에도 불구하고 사실인 것처럼 착각하게 한다. 이러한 착각 때문에 죽음에 대한 이야기는 일상의 삶 속에서는 담담히 받아들여질 수 있는 공적인 담론이 되도록 이끌지 못하고 "나와 아무런 관계도 없는 것"으로만 인식하고 있을 뿐이다. 그 결과 프랑스의 죽음사가인 아리에스(P. Aries)가 『죽음 앞에 선 인간』에서 바르게 지적하였듯이, 현대 문화는 죽음을 일상의 삶 속에서 받아들이고 삶의 과정의 마지막 단계로 긍정해야 될 것이라기보다는 거부하고 부정해버려야 할 것으로 인식하고 있다.

현대 문화의 죽음 인식의 결여는 많은 문제를 복합적으로 드러내놓고 있다. 막상 죽음이 닥쳐오면 어떻게 대처할지를 몰라 될 수 있으면 빨리 죽음을 현실의 삶 속에서 은폐하거나 치워버린다. 인간이 죽었을 때 제일 먼저 하는 일은 사자의 얼굴을 가리고 가족들로부터 격리시킨다. 죽음을 맞이한 사자와 살아남은 자 사이의 충분한 대면의 시간도 없이 사자를 다른 곳에 안치한다. 과거에는 죽음을 온 가족과 공동체가 함께 맞이하였지만, 현재는 죽음을 가정에서 맞이하였다고 하더라도 빠른 시간 안에 병원 영안실로 옮겨서 시신은 다른 곳에 안장한 채 몇 날 동안 살아남은 자들은 죽은 자의 영정과 대면한다. 죽음을 맞이한 가족이 소리 내어 우는 것도 예의범절에 어긋난다고 하는 현대 문화의 편견 때문에 충분히 살아남은 자의 마음속에 새겨져 있는 사자의 이미지들을 정리하거나 죽음을 생각할 수 있는 애도 시간(mourning periods)을 허용하고 있지 않고 있다. 정해진 시간의 틀 속에서 죽음을 처리해야 되고 치워버려야 되기 때문에 죽음을 준비하고 있던 사람들을 제외하고는 죽음은 자기 자신과 가족들에게 일어날 것이라는 점을 충분히 준비하지 못했던 대부분의 현대인들은 그 '엄연한 사실'을 받아들여 소화하지 못하고 있다. 그것으로 인해 많은 현대인들은 많은 상처를 치유하지 못한 채 삶을 어렵게 살아가고 있다.

특히 갑작스럽게 부모나 가족의 죽음을 맞이한 어린아이의 경우는 더욱 심각한 문제를 보이고 있다. 어린아이는 너무나 어리다는 이유 때문에 모든 장례 의식이 끝날 때까지 부모의 시신을 대면하지 못하게 하고 오히려 먼 곳에 보내진다. 그러나 막상 부모나 가족이 다시는 가정에 돌아오지 않는다는 사실을 알게 된 어린아이는 상상할 수 없는 충격을 받는다. 대부분의 어린아이는 자신의 잘못 때문에 부모나 가족이 죽음을 맞이했다고 생각한다. 그 결과 그렇게 개구쟁이이던 아이가 갑작스럽게 장난을 그만 두고 모든 잘못을 자신에게 돌려 심한 고통을 겪는다. 어린아이는 가정, 학교, 종교 집회, 놀이터 등 어느 곳에서도 부모와의 사별로부터 겪게 되는 심적 고통을 정화시킬 수 있는 기회를 갖지 못한 채 평생 동안 죄책감을 갖고 살아간다. 장례식장에서 일반적으로 보여주는 것과 마찬가지로 기존의 공교육 안에서는 죽음 이해 교육 프로그램이 한국의 교육 체계 안에서는 전무한 실정이다. 건강한 공교육을 위해서는 죽음 이해에 대한 교육이 필요하다는 인식을 갖고 있지 못하다. 어둠의 그림자 없이 밝게 자라나야 한다는 편견 때문에 어린 시절의 교육은 죽음 문제를 거의 배제하고 있다. 그러나 최근의 소식에서도 볼 수 있듯이 초등학교 어린아이들도 청소년이나 장년처럼 무모한 죽음을 생각하고 시행하고 있다. 자주 일어나는 사건임에도 불구하고 사회 제도에서나 교육 현장에서는 피상적인 대처만 있을 뿐이다.

또한 어떤 경우에는 많은 사람들이 죽음을 철학적으로 고상하게 생각하거나 하나의 낭만적인 것으로 이해하고 있다. 특히 청소년들은 죽음을 낭만적으로 생각하는 경향이 강하다. 최근에도 사회 문제가 되고 있듯이 죽음 사이트를 통해 직접 죽음을 경험해보려고 한다. 청소년들은 죽음에 연습이 없음을 깨닫지 못한다. 아마 한 번이라도 죽음 이해 교육을 받았더라면 그렇게 쉽게 죽음을 선택하지 않을 것이다. 그러므로 청소년들의 자살 예방을 위한 죽음 교육이 공교육 안에서 요청되어야 할 것이다. 현재 공교육의 장 안에서 죽음 교육은 아직까지 생각조차 못하고 있는 실정이다. 자살 문제가 나오면 사회 병리 현상 정도로만 인식하여 좀 더 근본적인 문제 해결을 내놓지 못하고 있는 실정이다.

더 나아가서 이러한 문제는 어린아이들이나 청소년들에게만 해당되는 문제가 아니라 치열한 삶의 현장에 있는 장년들이나 삶을 되돌아보는 시기에 접어든 노년들에게도 심각하게 노출되어 있다. 현대 자본주의의 무한한 욕망에 짓눌려 있는 장년이나 노년들은 자기 자신을 근원적으로 성찰해볼 수 있는 시간을 많이 갖고 있지 못하여 경제나 심각한 인간관계의 갈등 때문에 생긴 문제를 해결하지 못할 때 최후의 수단으로 자살 충동을 받기도 한다. 언론에 비친 것과는 상대가 되지 않을 정도로 많은 장년들과 노년들이 경제적인 또는 인간 간의 갈등 문제 때문에 죽음을 선택하고 있다. 장년이나 노년의 경우에도 자신의 삶을 되돌아보게 해주는 죽음 이해에 대한 교육이 매우 필요하다.

죽음에 대한 모든 연구가 보여주고 있듯이 일반적인 생각과는 정반대로 죽음에 대한 바른 이해를 갖게 되면 삶의 문제에 소극적으로 대처하는 것이 아니라 보다 적극적인 삶의 태도를 갖게 된다. 바로 이런 측면 때문에 현대 문화 안에서는 죽음에 대한 각성이나 죽음에 대한 이해 교육(death education)이 모든 연령층에 걸쳐 적절하게 이루어져야 할 필요가 있다고 생각한다. 아직까지 한국에서는 죽음 이해에 대한 교육 인식이 그렇게 많이 일어나고 있지 못하다. 한국 사회의 복지나 건강을 심층적으로 생각해야 될 지금의 시점에서 죽음에 대한 이해 교육은 반드시 고려해야 할 것이다.

2

한국에서 죽음학 자체에 대한 교육적인 논의는 거의 전무하다고 생각할 수 있다. 간헐적으로 인문과학, 사회과학, 각 종교 전통의 학회에서 죽음에 대한 논의는 이루어지고 있지만 세계죽음학회의 연계선상에서 구체적으로 교육 프로그램으로 확립되어 있지 못하다. 한국에서 죽음학에 대한 논의는 크게 보아 세 부류로 나뉠 수 있다고 생각한다.

첫째는 실천적인 측면에서 죽음을 이해하는 운동이다. 주로 이 운동은 간호학이 중심이 되어 이루어져왔다. 한국에서는 1964년 가톨릭 전통의 '마리아의 작은 자매 수도회'가 처음으로 강릉에서 말기 암 환자들을 돌보는 호스피스 활동을 시작하였다. 처음 시작할 때에는 자발적으로 한국의 가톨릭교도에 의해서 된 것이 아니라 외국에서 온 수녀의 지도하에 진행되었다. 그러다가 1982년 가톨릭대학 의과대학에서 학생 호스피스 팀을 주축으로 본격적인 호스피스 운동을 전개해 나갔다. 그 결과 1988년에는 한국 최초로 강남성모병원에서 호스피스 병동을, 1989년에는 암 병동을 신설하게 되었다. 더 나아가 1995년에는 가톨릭대학 간호대학에 호스피스와 완화 치료를 위한 세계보건기구 협력센터(WHO Collaborating Center For Hospice and Palliative Care)를 설립하였다. 또한 1990년대에 사단법인 '삶과 죽음을 생각하는 모임'이 태동되어 죽음의 문제를 다루기도 한다.

이런 연구소와 호스피스 병동 설립을 계기로 현재에는 호스피스 운동이 전국적으로 확대 조직되어 운영되고 있다. 호스피스 운동은 주로 성직자, 의사, 사회사업가, 간호사와 같이 죽음 현상을 쉽게 접할 수 있는 사람들에 의해서 전개되어가고 있다. 그러나 지난 한국호스피스학회 모임에서 많은 발표자들이 제도적인 종교의 차원을 넘어 인간의 심성 속에 심층적으로 존재하는 종교적 욕구 또는 종교성을 통해 죽음을 맞이하는 삶들이 충족할 수 있도록 환경이 설정되어야 함을 지적하였다. 그래서 올해부터는 한국의 호스피스 학회는 실천적인 측면에서도 호스피스 운동과 종교성의 상관관계를 적극적으로 연구해가려는 계획을 갖고 있다.

둘째는 예술 분야에서 죽음에 대한 연구를 해왔다. 문학 분야에서는 이인복 교수를 중심으로 죽음에 대한 연구를 해왔다. 특히 이인복 교수는 다양한 문학 장르 속에서 구체적으로 기술되고 있는 죽음의 문제를 구원과 연결시켜 발전시키고 있다. 그 결과 이 교수는 1989년에 『죽음과 문학적 고찰』을 출판하여 그해에 한국문학상을 수여하기도 하였다. 그리고 최근에는 김열규 교수가 『미멘토리』라는 책을 출판하여 다시 죽음에 대한 교육적 성찰을 불러일으켰다. 예술 분야에서는 이상청이 올해에 『한국 미술에 나타난 죽음 이미지』를 출판하였다. 이 밖에도 다양한 분야의 연구자들이 예술을 통해 죽음의 의미를 드러내고 있다.

셋째는 종교학에서 이루어진 죽음에 대한 연구이다. 한국종교학회에서는 1989년도 춘계학술대회에서 '죽음과 종교'라는 주제로 죽음에 대한 종교학적 논의를 하였다. 이때에는 각 종교 전통에서 바라본 죽음 이해를 발표하기도 하였다. 참여하지 않은 다른 종교 전통의 죽음 이해도 포함하여 1990년 후반기에는 한국종교학회 편 『죽음이란 무엇인가:여러 종교에서 본 죽음의 문제』를 출판하였다. 이 밖에도 많은 연구자들이 철학, 사회학, 신학불교학, 청소년학 그리고 철학 등에서도 기존의 관점과는 다르게 죽음 연구에 많은 관심을 다양하게 기울이고 있다. 그러나 대부분의 연구는 문제 제기 내지 죽음 현상 분석으로 끝나고 있다.

지금까지 살펴보았듯이 한국에서는 죽음에 대한 실천적이고 개별적인 연구가 있어왔지만 종교심리학의 관점에서 죽음과 종교에 대한 상관관계를 구체적으로 교육 프로그램화하는 연구틀은 확립되어 있지 못하다. 무엇보다도 먼저 그러한 틀을 발전시키기 위해서는 현대 죽음학의 핵심적 논의 중 하나인 죽음과 종교성의 종교심리학적이고 종교교육적인 상관관계를 살피는 것이 매우 필요하다. 이미 선진국 대열에 있는 유럽, 미국, 일본 등에서는 죽음 이해에 대한 교육 프로그램을 종교와 연결해서 다양하게 학제적으로 시행하고 있다. 그리고 우리와 이웃하고 있는 싱가포르나 홍콩 그리고 타이완 등에서도 죽음과 종교에 대한 종교심리학적인 이해 교육을 구체적으로 시행하고 있다. 과거에는 죽음에 대한 논의가 매우 사변적이거나 추상적이어서 철학적인 논변으로 끝나는 것이 대부분이었지만 최근의 논의는 매우 구체적이고 실천적으로 논의되고 있다.

1993년도 『뉴욕 타임스』의 조사에 의하면, 죽음에 대한 일반적인 이해는 유럽, 아프리카, 아시아, 오스트레일리아에서 종교심리학자나 교육자 혹은 전문 윤리학자들을 통해서 이루어져왔다. 그들의 주된 관심은 건강과의 관련성 안에서 주로 이루어졌다. 종교성의 관련성 안에서 죽음에 대한 체계적인 연구는 이루어지지 못했다. 오히려 죽음과 종교성과의 체계적인 논의는 주로 북미에서 이루어져왔다. 물론 처음에는 하나의 운동으로서 죽음에 대한 논의가 이루어졌다. 그 운동이 일어난 것은 북미가 아니라 영국이었다. 그 운동은 시슬리 손더스 박사(Dr. Cisely Saunders)에 의해 이루어졌다. 처음에는 간호사로 일을 하다가 말기 암 환자를 간호하면서 통증을 완화시켜주는 물리적인 가호보다 더욱 중요한 것이 정신적 또는 영적인 간호가 중요하다고 생각해서 종교와의 관련성을 깊이 연구해 나갔다. 손더스 박사의 호스피스 운동은 1970년대에 미국과 캐나다에 전파되어 활짝 꽃을 피웠다. 그녀의 실천적인 운동은 급기야 학문적인 공동체 안에서도 받아들여 하나의 학문 분야로서 죽음학 연구가 활성화되었다. 죽음학자인 로버트 풀턴(Robert Fulton)은 1960년대 초에 손더스 박사의 호스피스 운동에 감동을 받아 미네소타 대학교 대학원에서 세계 최초로 죽음학 학위 과정을 개설하였다. 최초의 학부 과정인 캐나다 웨스턴 온타리오 대학교의 죽음학 연구소는 다양한 프로그램을 통해 죽음학의 확립과 죽음 교육에 대한 인식 운동을 적극적으로 펼쳐나가고 있다. 그곳에는 종교철학자이면서도 종교와 죽음 간의 상관관계를 40년 이상 연구해온 존 모건(John D. Morgan) 교수가 중심이 되고 있다. 최근에 모건 교수는 한국종교학회와 한국노년학회의 공동 초청으로 한국에 방문하여 죽음에 대한 일반적인 의미와 죽음과 종교성의 상관관계를 구체적으로 제시해주기도 하였다. 그의 견해에 의하면, 앞으로 죽음학에서 집중적으로 논의해야 하는 점은 인간에게 주어져 있는 종교성의 욕구를 죽음의 과정 속에서 구체적으로 충족될 수 있도록 모든 프로그램이나 상담의 내용이 전개되어야 한다는 것이다. 이 점이 최근에 죽음학에서 본격적으로 논의되고 있는 측면이다. 그래서 죽음학자들은 세계 종교 전통의 죽음관과 종교학의 연계성을 구체적으로 제시하고 있다. 대표적인 예가 1998년도에 캔자스 대학교의 사회복지학과 교수인 칸다(Kandar)가 창립한 종교복지학회의 태동이다.

칸다 교수에 의하면, 지금까지 사회복지학은 생물학적이고 정신적인 차원의 건강에만 초점을 맞추었지만, 앞으로는 종교적 또는 영성적인 차원의 건강에 많은 관심을 기울여야 한다는 것이다. 그래서 칸다 교수는 앞으로 사회복지학은 종교학의 연구를 매우 적극적으로 받아들여야 함을 역설하고 있다.

종교학이나 종교심리학의 울안에서는 죽음에 대한 문제를 세 가지 관점에서 접근하고 있다. 하나는 개별 종교 전통에서 바라본 죽음 그리고 죽음 이후의 삶과의 연계선상 안에서 정리해보는 연구이다. 이 연구는 주로 뉴욕의 럿거스 대학교 종교학과의 오바야시 교수를 중심으로 이루어지고 있다. 오바야시 교수는 일본인 2세로 불교 전통을 연구해온 학자인데,

1990년대에 접어들면서 좀 더 본격적으로 죽음의 문제를 각 종교 전통과 연결하여 이해하고 있다. 다른 하나는 포드햄 대학교의 종교연구대학원의 영성 연구 프로그램에서 죽음과 영성 간의 상관관계의 연구이다. 이곳에서는 개별 종교 전통의 죽음관에 초점을 두기보다는 인간의 종교적 또는 영성적인 측면을 죽음과의 연계선상 안에서 이해하려 하고 있다. 그래서 이 프로그램에서는 종교심리학, 정신분석학, 정신의학, 종교교육학의 관점이 매우 강조되고 있다. 마지막 하나는 종교사회학적인 관점에서 죽음의 문제를 논의하고 있다. 이 연구는 죽음의 사회적 문제에 초점을 두고 있다. 특히 사회 문화적인 환경에 따라 죽음의 의미도 다르게 전개되고 있음을 이 연구에서는 강조하고 있다. 이 연구는 독일의 사회학자인 노베르트 엘리아스(Nobert Elias, 1897~1990)가 쓴 『죽어가는 자의 고독』과 『문명화 과정』으로부터 많은 영향을 받아 종교사회학적으로 연구되고 있다.

서양과 비교해 아시아에서 죽음 이해의 교육을 종교와 연결해서 가장 잘 발전시킨 나라는 일본이다. 1970년대 이후 일본에서는 다양하게 학제적으로 죽음에 대한 프로그램과 죽음에 대한 교육을 연구하고 있다. 특히 일본의 조치(上智) 대학교와 교토 대학교의 죽음과 종교에 대한 교육적인 연구는 일본의 죽음 교육에 많은 영향을 끼쳐왔을 뿐만 아니라 세계 죽음학계에 아시아의 죽음교육 연구에 대한 모델로 받아들여지고 있다. 특히 일본의 죽음 교육을 사상적으로 확립시키고 활성화시키는 데 결정적인 역할을 한 일본의 조치 대학교의 알퐁스 디킨 교수와 교토 대학교의 칼 베커 교수의 논의는 죽음에 대한 종교심리학과 종교 교육 연구에 있어 많은 영향력을 발휘하고 있다. 아마도 세계 죽음학계에서 아시아의 죽음에 대한 교육과 종교의 상관성에 대한 종교심리학적 연구는 그들의 연구가 가장 앞선 그룹에 속해 있다고 할 수 있다.

포스트모더니즘과 당혹스런 역사학

임상우
사학과

위기에 선 역사학

20세기 말에 이르러 서구 인문학은 전반적으로 위기에 봉착했음을 대부분의 관찰자들이 인정하고 있다. 인문학의 전통적 분과인 역사학도 그 예외가 아니다. 점점 더 많은 현대의 역사학자들이 동의하고 있듯이, 역사학은 이제 더 이상 절대적으로 확정된 사실을 다루는 학문이라 말하기 어렵게 되었고, 19세기에서처럼 확고한 가치 체계에 기반한 학문이라고 자신할 수도 없게 되었다. 이런 상황에서 역사가들 사이에서는 가장 원초적인 질문이 제기된다. 역사학은 무엇이며, 왜 역사를 연구해야 하는가?[1]

이러한 질문에 대해 현대의 역사가들은 크게 보아 양 진영으로 나뉘어 서로 적대적인 태도까지 보이면서 극도로 대립하고 있으며, 이 논쟁이 함의는 역사학 자체의 범위를 넘어서서 서구 지성계 전반에 걸치는 하나의 지적 혼미 상태와 관련을 맺고 있다. 이 논의는 일차적으로 사실의 본질이 무엇인가에 관한 학문적, 이론적 탐구에 집중되어 있으나, 궁극적으로는 인류 사회가 무엇을 지향하여 나아가야 되는가 하는 철학적 질문으로 귀착된다. 근대 역사학은 역사철학적 문제 제기를 가능한 한 회피해온 것이 사실이지만, 이제 역사학은 필연적으로 사실의 절대성과 가치와 의미의 상대성이라는 양극의 괴리 속에서 학문으로서 역사학 자체의 존립 가능성을 진지하게 검토해야 하는 지경에 이르렀다. 한마디로 역사학의 미래는 있는가이다.

전통적으로 역사학은 그것이 무엇이며, 왜 연구해야 하는가에 의문의 여지를 두지 않았다. 간단히 말해서, 역사학은 과거에 대한 탐구이며, 이

---

1 Beverley Southgate, *History, What and Why*, London, 1996.

상적으로는 '있었던 그대로'의 과거를 재현하는 것이었다. 그 연구의 목적은 명백했다. 인문학의 다른 분야와 마찬가지로, 역사는 우선 그 탐구 자체가 미학적 즐거움이었고, 후세에 유용한 교훈을 가르침으로써 도덕적으로 가치 있는 것이었다. 이러한 역사학은 또한 '과학적' 방법에 의해 검증될 수 있었기에 '객관성'을 확보할 수 있었고, 이에 따라 흔들리지 않는 '사실들'에 입각한 '진리'를 기술할 수 있다고 믿었다. 그러나 문제는, 20세기를 거치면서 역사학의 이러한 이상주의적 모델은 그 근거부터 흔들리기 시작했다는 것이다. '과학적 방법론'의 전범을 창출한 자연과학 분야에서마저 가장 근본적인 개념이라 할 수 있는 '사실', '실재', '객관성' 등에 대한 확고한 신념이 무너져가고 있고 그 자리에 끝닿을 데 없는 상대주의가 점점 우세해지는 실정이다. 아직 상당수의 역사가들이 전통적인 과학관에 입각한 역사학을 추구하고 있는 것이 사실이긴 하지만, 역사학이 '진리'의 실재를 밝힐 수 있다는 믿음을 포기하고 '사실'과 '허구'의 경계를 넘나들며 '과학적' 역사학의 가능성을 부정하는 역사가들이 점점 늘어나고 있다.

이와 같이 20세기 말의 역사학이 과학적, 도덕적 이상주의를 포기해가는 상황에서 우리는 왜 역사를 연구해야 하는가? 그리고 그 역사란 무엇인가? 이 질문에 답하지 않고는 역사학을 계속 영위해야 할 의미를 찾지 못할 것이다. 하나의 답변을 위하여 본고는 우선 역사학이 겪고 있는 학문 내외적 도전의 실체를 간략히 검토할 것이다. 포스트모던적 도전의 결과라고 요약할 수 있는 당혹감 앞에서, 역사학의 기본적 전제들이 바뀌고 있음을 부정할 수는 없다. 그러나 이것이 역사학의 총체적인 붕괴라고 단정하기에는 시기상조라는 점을 밝히려 한다. 과거에 대한 '지식'의 확실성이 보다 잠정적이고 상대적이라고 해서, 과거를 보는 하나의 '가설'로서 역사학마저 존립할 수 없다고 속단해서는 안 되기 때문이다. 어떻게 보면 역사학은 언제나 과거에 대한 가설적 해석이었다. 그리고 미래에 있어서도 역사학은 지나간 과거에 대해 또한 가설적 해석을 제공할 것이다. 오히려 현대와 같은 극도의 지적 혼미의 시기일수록, 역시 가설적 체계이겠지만, 하나의 '새로운 인문주의'의 이상이 탄생할 수 있는 여건을 제공할 수 있지 않을까 생각한다.

중심과 거대 담론의 해체

포스트모더니즘의 융성은 현대의 역사학에 어떤 영향을 미쳤는가? 이를 알기 위해서는 우선 포스트모더니즘의 기본적 주장이 무엇인지 살펴볼 필요가 있다. 포스트모더니즘은 '중심들의 해체'이며 '거대 담론에 대한 불신'으로 요약될 수 있다.[2]

여기서 중심들이란 담론의 저변을 흐르고 있는 조직틀을 의미하는데, 예를 들면 유럽 중심, 백인 중심, 남성 중심, 이성 중심 등이 그것들이다. 중심들의 해체란 바로 이러한 조직틀들을 더 이상 정당하거나 자연스러운 것으로 받아들일 수 없으며, 또한 이것들은 보편적인 이해보다는 지극히 특정한 이해관계를 표명하기 위해 사용되는 잠정적인 허구로 간주하는 데 있다. 또한 '거대 담론에 대한 불신'이 증대되면서 서구의 역사 발전에 의미를 부여해온 형이상학적으로 구조화된 거대한 이야기들이 이제는 신뢰를 상실하게 되었음을 보여준다. 계몽주의 이후 신(또는 신이라는 거

2 Keith Jenkins, *Re-thinking History*, London, 1991, 60쪽.

대 담론)의 죽음이 선포되었다면, 이후에 등장한 그 세속적인 대체물들도 차례로 사망 선고를 받게 되었다. 즉 이성과 과학에 대한 모든 담론들이 와해되기 시작한 것이다. 계몽주의적 기획, 구체적으로 휴머니즘이나 자유주의 또는 마르크스주의 등으로 표명된 인간의 진보 및 해방에 관한 모든 기획들이 해체되기에 이른 것이다.[3]

포스트모던적 사고에서는 모든 역사 이야기는 본질적으로 인위적인 구성물(construct)이며, 또한 이것은 특정 집단의 이해관계(ideology)를 반영하는 것으로 간주된다. 시민혁명과 산업혁명을 통해 신분 체제를 타파하고 서구 사회의 최상부를 지배하게 된 부르주아지는 모든 사물을 새롭게 개조했다. 자신의 야망을 자유주의적 공리주의를 통해 표현한 부르주아지는 사회의 모든 부문을 합리화시킴으로써 그들의 자본주의라는 이데올로기를 확립할 수 있었다. 여기에서 파생된 자유주의적 역사관은 발전과 낙관의 역사로서 합리주의적 발전이 역사의 필연적 귀결이라는 전제와 함께 궁극적으로 인간 역사는 완성의 단계로 향해 가는 모습으로 그려지는 것이 그 특징이었다. 이에 반해 마르크스주의적 역사관은 억압받는 프롤레타리아트를 위한 해방의 거대 담론이었다. 자본주의적 소유제도의 이데올로기를 혁명적으로 타파하고 미래에 인간의 진정한 자유와 보편적 자유 위에 새로이 건설된 세계, 즉 공산주의 세계에 대한 낙관적 전망을 그들의 필연적 역사관에 담아놓았던 것이다. 따라서 마르크스주의 역사관 역시 진보와 해방을 역사의 필연으로 파악하는 하나의 거대 담론이었고, 자유주의적 역사관과 마찬가지로 인위적으로 구성되어 계급된 이해나 소망을 표현하는 데 불과한 허구적 창안물에 지나지 않는 것이었다.

3 J. F. Lyotard, *The Postmodern Condition*, Manchester, 1984.

포스트모더니즘은 하나의 통일된 운동이 아니다. 또한 흔히 지적받는 대로 보수적 성격 만을 갖는 운동도 아니다. 이데올로기적으로 대개의 경우 좌파에 속하는 서구 지식인들이 철학·언어학·정치학·예술·문학·역사학 등의 분야에서 한층 폭넓은 사회경제적, 정치적, 문화적 와해에 발맞추어 그들의 입장을 뒷받침하는 데 필요한 토대를 전면적으로 재평가한 결과 나타난 것이다. 이 재평가 작업은 때로는 매우 상반된 이유에서 수행되었음에도 불구하고 대부분 동일한 결론에 도달했다. 즉, 그들은 자신들의 입장을 지지하기 위해 열심히 찾아 헤맨 토대가 결코 어디에도 존재하지 않으며 지금까지 존재한 적도 없음을 깨달았다. 그리하여 회의주의, 심할 경우 허무주의라고도 부를 수 있는 회의주의가 현대에 있어 지배적이고 근원적인 지적 전제들을 제공하고 있는 것이다.

포스트모던적 회의주의의 도전

현대 역사학이 당면하고 있는 가장 큰 문제는 한마디로 역사적 '실재'에 대한 회의주의라고 말할 수 있다. 그러나 역사학의 전통에서 회의주의는 전혀 새롭게 제기되는 문제는 아니다. 전통 역사학에서도 사실의 실재에 대한 회의는 끊임없이 제기되어왔다. 다만 현재로서는 불명확한 사실들이지만, 그것들은 과학적 탐구를 통하여 궁극에 가서는 절대적 사실로 확정될 것이라는 막연한 전제에서 역사학이 영위되고 있었다. 사실의 불명확성에 대한 일차적인 회의와, 반면에 과학적 탐구가 보장하는 궁극적 혁신은 다음과 같은 전통적 역사이론가의 언급에서 잘 찾아볼 수 있다. 헤일은 "역사학은 더 많은 증거들을 기다리고 있고, 예전의 판결들을 개정해갈 것이다. 역사학은 끊임없는 항소의 법정이며, 판결이 끝난 사건들을 재심의할 준비를 언제나 갖추고 있다"[4]고 했다. 같은 맥락에서 헤일은 역사적 가정이란 언제나 잠정적이며 개정 가능한 것이어야만 한다고 단언했다. "역사학은 끝나지 않고 계속되는 입증이다."[5]

이들에게 있어 사실의 불확정성이라는 회의주의는 계속되고 있었지만, 과학적 방법론이 역사학을 학문으로서 정당하게 존립시킬 수 있다는 확신을 견지하고 있었다는 점에서 최근의 회의주의와는 근본적으로 다른 태도였다. 포스트모던적 회의주의는 그야말로 '무엇이든 다 옳을 수' 있는 것이고, 따라서 '틀린 것도 아무것도 없는' 회의주의의 심연으로 빠져들 위험을 내포하고 있다. 이러한 과격할 정도로 '탈중심적'인 전제에서는 그 어떤 체계도 상위에 위치하여 그 체계에서 출발한 방법론이 다른 하위의 체계를 포괄하거나 지배할 수 없는 것이다. 이러한 상황에서 역사적 설명이란 "각각의 다른 설명들 사이에서 어느 하나를 결정적으로 선택할 수 있는 확고한 수단을 결여한 채 역사적 사실을 설명하려는 것"[6]일 수밖에 없다.

이러한 역사 사고에서는 실제로 존재했던 과거와 그에 대한 역사 서술을 전혀 다른 범주로 파악하고 있다. 그러한 과거를 역사 서술로 재구성해내는 데는 인식론적·방법론적·이데올로기적 차원에서 적지 않은 실천상의 문제를 제기한다. 우선 역사가는 과거의 진실을 인식할 수 없다는 대전제가 받아들여진다. 이에 따라 역사는 상호 주관적이고 집단적 이해관계를 표방하는 이데올로기적 소산으로 파악된다. 객관성에 근거한 편견 없

---

4 J. R. Hale, ed., *The Eevolution of British Historiography*, London, 1967, 68쪽.

5 Pieter Geyl, *Use and Abuse of History*, New Haven, 1955, 70쪽.

6 Robert Young, *White Mythologies:Writing History and the West*, London, 1990, 19쪽.

는 역사 서술은 허구로 간주되고 마는 것이다. 텍스트는 어떤 진실도 포함하고 있지 않다. 그러므로 역사 서술은 언어의 유희에 그칠 수도 있다. 결국 역사는 메타포를 가지고 저자의 입장을 유효하게 만드는 권력의 분포 상황을 반영할 뿐이라는 것이다. 인식론적 확신주의자들이 구성해내는 역사는 기존의 권력 관계를 고착시킴으로써 역사학의 지적·도덕적 순수성을 상실케 한 것이 분명하다는 주장이다. 이 같은 맥락에서 화이트는 "이제는 더 이상 순진하게 어떤 과거 시대나 사건과 관련한 복잡한 언설들이 그 이전에 존재하는 '원래의 사실'들과 '일치하기'를 기대해서는 안 된다"[7]고 단언했다. 그렇지만 이러한 회의주의와 냉소주의는 여러 가지로 부정적 결과를 초래하고 있는 것이 사실이다. 이와 같은 인식론적 회의주의에서 비롯된 도덕적 상대주의가 폭로하고 있는 바는 결코 간과할 수 있는 사소한 문제가 아니기 때문이다.

사우스게이트는 포스트모던적 도전이 구체적으로 근대 역사학의 세 가지 기본적인 가정들을 잠식했다고 본다.[8] 근대 역사학은 첫째, 시간의 연속성을 가정했다. 역살한 계기적 발전의 결과이며 역사학은 그러한 연속성을 밝히는 과학적 탐구였다. 둘째, 시간의 계기성 속에서 일관되는 역사는 결국 각 시대마다 하나의 가치 있는 시대정신을 창출한다는 것이다. 이는 첫 번째 전제의 논리적 귀결일 수밖에 없는 것이었다. 셋째, 역사학은 인문학적 이상에서 출발했으나 과학적 탐구를 방법론적 모델로 채택함으로써 인문학의 특성인 '상상력'이 배제되고 그 자리에 오직 '이성'의 논리만이 자리할 수 있다는 전제였다. 이상과 같은 세 가지 가정은 각기 포스트모던적 회의주의가 제기하는 심각한 도전에 노출되면서 역사학의 학문

7 Hayden White, *Tropics of Discourse*, Baltimore, 1978, 47쪽.

8 Beverley Southgate, *History, What and Why,* 109~122쪽.

으로서의 존립 기반을 위태롭게 하는 결과를 초래하고 있다. 그러나 다른 한편으로는 그러한 도전이 역사학을 새로운 학문으로 갱신시킬 수 있는 계기를 마련해주고 있는 것도 사실이다.

과거는 현재의 결과

역사가의 탐구 대상은 과거일진대, 그들에게 있어 과거란 현재 및 미래와 확연히 구분되는 실체여 했다. 그들의 영역을 지키기 위해서라도 역사가들은 현재나 미래의 관심사를 탐구의 과정에서 의도적으로 배제시키고자 많은 노력을 기울여왔다. 역사가들은 자신의 시대만이 가지고 있는 편견과 가정이나, 자신의 시대에서 벌어지고 있는 긴장과 위기에 대한 의식이 과거를 판단함에 있어 개입되어서는 안 된다고 굳게 믿었다. 시대적 관심사를 혼동하여 넘나드는 것은 '건전한 시각'을 견지해야 할 역사가들에게는 금기 사항이었다. 버터필드는 일찍이 '휘그적 오류'를 비판하는 가운데 역사가의 건전한 시각을 강조하면서 현재의 관심사가 과거를 오염시키는 것을 경계한 바 있다. "한쪽 눈은 현재를 쳐다보면서 과거를 탐구하는 일이야말로 역사학에서 최대의 죄악이다. ……이야말로 '비역사적'이라는 말이 의미 있는바 그 자체"[9] 라고 보았다. 다시 말해 역사가들이 현재의 시각에서 비롯된 가치 판단을 가지고 과거를 재단하는 일은 최대한 자제해야 했다.

그럼에도 불구하고 역사를 연구함에 있어서, 현재에 번성하고 있는 제

9 Herbert Butterfield, *The Whig Interpretation of History*, Harmondsworth, 1973, 30쪽.

도나 사상이 어떠한 경로를 거쳐 현재에 이르렀는가를 재구성하는 일 또한 역사가의 필수적인 작업이었다. 그리하여 역사가들이 할 일이란 '적자생존'의 원리로 살아남아 후대에 많은 영향을 남긴 사항들을 검토하는 것이었다. 이렇게 볼 때, 한편으로는 현재의 가치관에 좌우되지 않으면서 다른 한편으로는 현재에 살아남아 영향을 끼치는 과거의 사실들을 탐구하는 것이 역사가의 작업 기준이었다 할 수 있다. 이와 같이 상충될 수도 있는 두 가지 조건을 만족시키면서 연구하는 길은 이른바 '비본질적'인 것을 배제하는 것이라고 믿었다. 이에 따라 역사가들은 과거라는 사실의 모래밭에서 비본질적이고 상관없는 것들로부터 현재의 결과와 관련하여 '본질적'인 것을 취사선택하는 것이 아무리 어렵더라도 꼭 수행돼야 할 과정이라는데 별 다른 이의를 제기하지 않아왔다.

그런데 문제는 바로 여기에 있었다. 그 누가 '비본질적'이고 '관련없는' 것을 결정할 수 있는가이다. 한마디로 승리한 역사는 정당하고 현재에 영향을 미치지 못한 '다른 경로들'은 정당성이 없다는 말인가? 여기에 두 가지의 곤란한 점이 제기된다. 한편으로는, 현재와의 관련성이 없을 듯 보이는 (혹은 진정으로 관련성이 없을 수 있는) 과거의 사실들에 대해 의도적으로 눈길을 주지 않는다면 역사가들은 현재적 관심에 압도된 국지적 시각만을 가졌다는 비판을 면치 못할 것이다. 다른 한편으로는, 현재적 가치나 관심사와 전혀 관련을 갖지 않은 채 과거 사실을 '그 자체의 가치대로' 탐구한다는 것이 그 어떤 의미를 가질 수 있는가이다. 역사가들은 마치 기계적인 감지기처럼 시간의 흐름을 초월하여 감정적 진공 속에서 작동할 수 있단 말인가? 역사가의 과거에 대한 인식은 필연적으로 해석을 수반하는 것이고, 그 해석은 현재에 살면서 미래에 눈을 두고 있는 한 역사 인식은 인간이라는 지각의 주체로부터 비롯되는 것이다. 우리의 현재적 관심이 과거의 역사를 고문하는 일은 없어야겠지만, 그럼에도 불구하고 우리의 과거상이 현재의 상황에 영향받는 것을 피할 수는 없다는 딜레마가 여기에 있다. 그러기에 노빅은 시대적 특성을 초월한 '객관적 시각'이란 한낱 "고귀한 꿈"[10]에 지나지 않는다고 결론짓고 있다. 결국 역사학자의 작업에서 과거와 현재와 미래를 엄격히 구분짓는다는 것은 불가능한 것으로 드러났다.

역사가들은 과거의 사료를 접하는 순간부터 과거에 일어났던 일들에 대한 의미 있는 설명을 구성하기 위해 시간적 계기성이라는 범주를 사용할 수밖에 없다. 그러나 그러한 구성의 과정에서 현재와 미래라는 시각이 필연적으로 개입하게 되는 것이다. 과거에 대한 역사가들의 인식과 설명은 그가 현재에 처한 입장과 그의 미래에 대한 전망에 의존할 수밖에 없다는 점이 현대의 역사가들을 괴롭히고 있으며, 이러한 이유로 역사가들은 역사적 시간의 뚜렷한 구분에 관한 전통적인 과정을 포기해가고 있는 실정이다. 이제 역사가들은 과거란 현재의 결과일 수 있다는 점을 인정 안 할 수 없게 되었다. 이렇게 볼 때 순차적인 시간적 연속성에 대한 부정이야말로 포스트모던적 역사 사고가 제기하는 가장 큰 도전 중의 하나이다. 그 결과, 시간적 계기성을 전제로 한 '거대 담론'은 설 자리를 잃어가고 또한 그에 입각한 근대 역사학은 그 존립 기반부터 총체적으로 흔들리고 있음을 관찰할 수 있다.

10 Peter Novik, *That Noble Dream: The 'Objectivity Question' and the American History Profession*, New York, 1988.

역사는 끝나지 않는 계주

시간적 범주의 경계가 불명확해짐에 따라, 역사가들은 과거의 어떤 대상을 선택하여 연구했는가를 재검토하지 않을 수 없었다. 현재에 있어 번성하고 있는 것은 과거로부터 필연적으로 축적되어온 결과물이기 때문에 연구할 가치가 있고, 그것들만이 역사적으로 의미 있는 것이라면, 결국 역사는 승리자로 살아남는 자들에 관한 기록이어야만 한다. 결과적으로 전통적 역사 서술은 '영웅의 역사'였으며, 절대적 가치를 가진 것으로 믿어지는 정전(canon)들은 그 영웅들이 말한 것 이상이라 할 수 없다. 여기서 '영웅'이란 정치사적 서술에서는 주로 개별적 인물로 그려지겠지만, 사회사나 사상사에서는 제도나 사상으로 표현될 수 있는 것이다. 이와 같은 승리자들의 역사를 거부하면서, 포스트모던적 도전이 제기한 지향점이 구체적으로 실현되어 일정량의 성과를 거둔 분야가 있다면 마르크시즘(즉, 60년대 이후 서구에서의 문화적 마르크시즘을 지칭한다), 페미니즘, 탈식민주의 등을 들 수 있다. 이들 각기의 분야에서, 과거의 영웅들로부터 즉, 왕, 장군, 위대한 사상가들로부터 보다 '보통 사람들' 즉, 하층민들, 여성들, '역사적으로 잊혀졌던 사람들'에게로 관심의 대상이 옮겨졌다. 사회사와 사상사에서는 물론 정치사에서조차 이러한 관심의 이동을 폭넓게 관찰할 수 있다.

포스트모던적 도전은, 그 무정부주의적 회의주의라는 위험성에도 불구하고, 바로 위와 같은 해방적 경향을 보여주는 면에서 긍정적으로 평가되기도 한다. 이는 사상사의 한 예를 들어 살펴볼 수 있다. 아리스토텔레스는 고대 그리스의 여러 사상가들을 '주류'에서 배제시키고 자신의 사고 체계를 '정전화'했고, 후세의 추종자들은 자신의 시대의 필요에 따라 그 정전을 절대화했다. 그러나 다시 생각해볼 때 그 정전은 한 영웅적 천재 철학가의 개인적 언명에 불과하다고도 할 수 있다. 아리스토텔레스가 제시한 철학적 체계는 역사의 진행에 따라 의미 있는 기여를 한 것이 엄연한 사실이지만, 그것은 아리스토텔레스의 체계에 들어맞지 않는 '다른 목소리들'을 침묵시킨 것을 전제로 해서였다. 포스트모더니즘에 고무된 새로운 경향의 지성사 연구는 아리스토텔레스에게는 "사소하고 가치 없는" 사고이었기에 억눌렸던 목소리들을 다시 발굴하여 재해석을 가하는 가운데, '영웅'의 그림자에 묻혀 있던 '보통의 이야기'들을 해방시킬 수도 있는 것이다.

기존의 많은 역사학자들은 연구 대상을 설정하는 데 있어 선택의 불가피성을 인정해왔다. 그렇다면 역사 연구의 목적이 도대체 무엇인가 하는 질문이 또다시 제기되지 않을 수 없다. 과거로부터의 역사 발전이 오직 현재에 번성하고 있는 사회 제도를 준비했던 전사(前史)로서만 이해된다면 역사가들이 연구 대상을 자의적으로 선정하는 관행이 정당화될 수도 있다. 이렇게 되면, 역사는 '후발 주자들이 앞선 주자를 이어 달리는 계주'가 되는 것이며, 그렇다면 오직 결승 테이프를 끊고 들어오는 승리자만이 역사가의 관심의 대상이 될 뿐이다.

일찍이 니체는 그러한 '계주' 개념의 역사를 통박한 바 있다. "인정받는 현자들의 정전"을 받아들이지 못함으로써 "역사의 패배자"가 된 인물들에 대한 기억을 되살리자는 것이 그의 반역사(anti-history)의 개념이었다.[11]

비근한 예로, 소크라테스나 예수는 그 당시로 돌아가보면 당대의 정전

11 Friedrich Nietzsche, *Untimely Meditation*, Cambridge, 1983, 106쪽.

에 거역한 '패배자'였다. 그러나 그러한 거역의 단기적 패배로 말미암아 '묻혀진 목소리'는 장기적으로 볼 때 다시 승리의 역사로 기록되고 있지 않은가? 역사가들이 묻혀 있던 패배자의 목소리를 발굴하지 않는 한, 역사의 계주에서 오직 오늘의 우승자의 과거만을 추적할 뿐이다. 그러나 역사는 끝난 계주가 아니다. 미래에 있어서도 경주는 계속된다. 다만 현재에 있어 앞서 달리고 있는 주자가 각광을 받고 있을 뿐이다. 이러한 이유로, 즉 시간의 진행에 따라 선두 주자가 계속 바뀔 것이므로, 역사는 계속 다시 씌어지는 것이다. 이렇게 볼 때 현재적 결과를 역사의 필연으로 착각하는 근대적 역사 사상의 거대 담론적 오류(또는 오만)에 대해 포스트모던적 회의주의는 작지 않은 교정적 기여를 한 것이 틀림없다.

역사학은 상상력의 과학

근대 역사학은 탐구 방법으로서 과학적 논리를 채택함으로써 학문으로서의 위상을 정립했다. 역사 연구는 일종의 기계적 작업으로서, 사실적 자료들에 대한 경험적 연구를 추구하였고 그 결과에 대한 해석에는 '이성'의 법칙이 적용되는 것으로 간주되었다. 이에 따라 인문학의 특징이랄 수 있는 문학적 요소, 즉 '상상력'이 역사 연구에 개입될 소지는 의도적으로 엄격히 배제되었다. 화이트의 표현을 빌리자면 현대의 전문 역사가들은 "그 어떠한 대가를 치르고라도" 자신의 "열망이나 과도한 상상력"이 연구에 개입되는 것을 거부한다는 것이다.[12] 그리하여 역사와 문학의 경계는 확

12 Hayden White, *Tropics of Discourse*, Baltimore, 1978 , 126쪽.

연히 구분되는 듯했다. 이러한 구분하에서 역사는 본질적으로 '닫힌' 학문 체계이고 시와 문학은 '열린' 체계로 인식된다. 역사는 하나의 정합적 설명을 제기해야 하기 때문이고, 문학은 다양한 해석을 수용할 수 있는 체계이기 때문이다.[13] 이러한 구분짓기는 역사가들 사이에 팽배한 과학적 학문 방법에 대한 존경심에서 모두 비롯된 것이라 할 수 있다.

베이컨 이래 근대 자연과학은 경험적 사실에 대한 탐구의 과정에서 상상력의 개입을 의식적으로 배제시켜온 것이 사실이다. 그러나 역시 일찍부터 과학자 집단 안에서는 자연현상에 관한 설명이 있는 사실을 그대로 표현하는 것이 아니라, 연구자의 개인적 신념 체계를 거쳐 표현되는 것이라는 주장 또한 계속되어왔다. 이 주장에 의하면, 자연현상이란 연구자가 그럴 것이라고 믿는 그것일 뿐이다. 20세기적 표현으로 바꾸어 말한다면, 토머스 쿤의 언명처럼 과학사는 사실의 발견의 역사가 아니라 잠정적으로 의견을 같이하는 과학자 집단에 대한 일종의 지성사로 씌어질 수 있다는 것이다. 과학자들은 중립적 입장에서 사실을 관찰한다기보다는 연구대상을 선택하고 해석하는 과정에서 개인의 편견을 가지고 능동적으로 참여하기 때문이다. 바로 이러한 점에서 과학자와 시인의 경계는 무너진다.

역사 연구와 서술에서 과학적 전통을 거부하고 문학적 전통을 옹호하는 주장 또한 그만큼 오랜 역사를 갖고 있다. 비코(Vico)의 해석학적 전통에 의하면, 자연 세계는 신이 창조한 것이기 때문에 인간의 이해의 범위를 넘어선다. 오직 역사만이, 그것은 인간이 과거로부터 현재까지 창조해왔기 때문에, 이해 가능한 것이 된다. 그리고 그러한 역사적 진실은 이성에 의해서가 아니라 오직 상상력에 의해서만 노출된다. 왜냐하면 현대인

13 Martin Davies, "History as Narcissism", *Journal of European Studies*, 19(1989), 283쪽.

이 과거를 이해하려면 그들의 정신세계 안으로 들어가 그들의 생활을 상상해야만 하기 때문이다. 최근 들어 포스트모더니즘의 영향 아래 과학적 역사관에 대한 거부가 강해지면서 객관성과 절대적 실재에 기반하기보다는 해석학 및 수사학적 원리를 기반으로 하는 역사관이 재등장하게 되었다.

"실재라는 것이 상상적인 것(the imaginary)과 마찬가지로 상상된다(imagined)"[14]라는 표현으로 압축되는 포스트모더니즘의 도전은 자연과학적 이성에 근거한 근대 역사학의 기본 전제를 송두리째 부정하면서 사실과 허구의 경계를 모호하게 만들고 있다. 이성적 판단이 역사적 진실을 더 이상 의미 있게 밝혀낼 수 없다면, 이제 상상력의 차원이 필연적으로 역사 서술에 용인될 수밖에 없는 일이다. 여기에 과학적 역사 서술과 문학적 역사 서술의 경계를 허물어졌고, 심지어 "인상주의적, 표현주의적, 초현실주의적, 그리고 아마도 행동주의적 표현 방식들이 연구 대상이 의미를 극적으로 드러내는 데"[15] 사용되기까지 한다. 역사학은 이제 더 이상 독립적인 영역을 고집할 수 없게 된 것이고, 그 고유한 학문 연구 방법의 울타리를 개방하여 인접 학문은 물론 오랫동안 잊혀져왔던 해석학적 또는 수사학적 전통을 흡수하여 역사학을 상상력의 과학으로 탈바꿈시키려 하고 있다. 한마디로 20세기 말의 역사학은 과학적 이성에 안주하기를 포기하고 하나의 새로운 인문학으로 다시 태어나려 노력하고 있다고 볼 수 있겠다.

14 Clifford Geertz, "History and Historicism," *Speculum*, 65(1990), 68쪽.

15 Hayden White, *Tropics of Discourse*, 47쪽.

이성의 도그마로부터 반성적 회의주의로

과학적 이성을 탐구의 기본 전제로서 받아들이기 어렵다면 역사학은 이제 학문으로서의 존립 가능성마저 흔들리게 된다. 학문 분야란 원래 하나의 '닫힌' 체계로서 그 체계 안에서 고유의 탐구 논리를 따라야 하기 때문이다. 과학에서는 물론이거니와 역사학에서도 종사자들 사이에 널리 인정되는 탐구 논리를 결여한다면, 연구를 수행한다는 것이 더 이상 의미를 가질 수 없다. 바로 이러한 공통의 탐구 논리에 대한 부정이야말로 현대의 역사학이 직면하고 있는 심각한 도전이라고 아니할 수 없다.

문제는 과학적 이성이 '단일한' 방법론과 그에 따른 '유일한' 결론을 고집해왔다는 데 있다. 특히 역사학에서는 사건들의 인과 관계의 단일한 연쇄를 밝히는 데 힘을 기울였는데, 그것은 시작부터 불가능한 시도였다고 할 수 있다. 앞에서 보았듯이 역사는 단일한 시간 안에서, 자의로 선택된 대상들을, 단 한가지 방법으로만 연구할 수 없기 때문이다. 이제 역사가들은 역사 안에서 모든 것들을 감싸안는 하나의 동질성을 가정하는 것을 포기해야 될 때가 왔다. 인류에게는 여러 종교가 있듯이, 역사학은 다양한 설명의 가능성을 인정해야 한다. 그 각기의 설명은 일차적으로 서로 다른 세계관에서 비롯되어 서로 다른 목표를 향해 나아가는 시도일지도 모른다. 이교도들의 다양한 목소리(hetero-glossia)는, 유일신을 섬겼고 그 안에서 심정적 평안을 누리던 사람들에게는 지극히 불편한 잡음으로 들릴 것이다.

역사학에서의 다양한 목소리는 이제 하나의 이야기(history)가 아닌 각기 다른 이야기들(histories)을 전할 것이다. 그것들은 각기 나름대로의 체계를 가지고 있겠지만, 필연적으로 하나하나가 불완전한 이야기일 수밖에 없다. 어차피 단일한 거대 담론이 불완전할 수밖에 없다면 역사가는 불완전을 두려워할 필요는 없을 것이다. 타협점을 찾기 위해서라도, 각각의 불완전한 설명들은 다른 설명들과 경쟁적으로 독점적 위치를 확보하려 한다기보다는, 하나의 전체를 이해하기 위해 상호 보완적 관계에 있다고 보는 것이 타당할 것이다. 이러한 "경쟁적이 아니면서 서로 다른 이야기들"은 우선 단일한 인과 연쇄를 가정하지 말아야 하며, 단 하나의 입장을 채택하여 역사를 서술해야 한다는 주장을 포기해야 하고, 결론을 유도하는 데 있어서 "다른 이야기들의 설명하지 못하는 것을 설명하는 것"[16]으로 만족해야 할 것이다.

이러한 상대주의적 태도는 자칫 잘못하면 "무엇이든 다 옳을 수 있다"라는 허무주의로 나락할 위험을 다분히 가지고 있다. 그렇지만 어찌 보면 역사는, 누구나 옳다고 생각하는 것들이 새롭게 등장한 거역자들에 의해 차례로 무너져 내린 역사로 점철되었다고 볼 수 있다. 오늘의 거역자는 내일의 권위로 자리 잡고 이어서 새로운 거역자에 의해 그 권위는 와해되는 것이다. 그렇다고 해서 '회의'와 '거역' 그 자체에 무게를 두어서는 곤란하다. 거역이란 역시 상대적인 것으로 거역할 대상이 있을 때만 그 의미를 가질 수 있기 때문이다. 다시 말해 회의 그 자체에 의미를 둔다면 그 종착역은 무정부 상태 이외에 아무것도 아니다. 회의는 회의의 대상을 전제로 해야 하며, 양자는 서로 경쟁적 위치에 있다기보다는 상보적 관계에 있다고 보아야 할 것이다. 젠킨스는 이러한 태도를 '적극적이며 반성적인 회의주의(a positive reflexive scepticism)'라 부르고 있다.[17]

여기에서 '새로운 역사학'을 추구한다면 하나의 타협점을 모색해야만

16 Gleen Burgess, "On Revisionism," *Historical Journal,* 33(1990), 622쪽.

17 Keith Jenkins, *Re-thinking History,* 64쪽.

할 필요성이 제기된다. 현대 역사학에서 양극적인 주장을 보자면, 한편에서 전통 역사학은 '있었던 그대로'의 과거에 대한 경험적 탐구의 가능성을 순진하게 믿고 있는 반면, 다른 쪽에서는 역사란 우리가 원하는 대로 구성해낼 수 있고 심지어는 그렇게 해야만 한다는 포스트모던적 주장이 서로 대립하고 있는 형국이다. 이러한 대립의 핵심은 과거의 실재에 대해 역사가들이 탐구를 통해 접근할 수 있는 가능성을 믿느냐에 있다. 즉 그러한 과거는 현재의 우리들과 상관없이 또는 그것을 나타내는 증거들과 독립적으로 존재하는가, 아니면 그러한 증거들만이 우리가 과거에 접근하는 유일한 통로이고 또한 그렇게 접근된 과거는 실재하는 실상인가 하는 문제이다. 만약 언어의 바깥에 존재하는 실재는 그 어디에도 없다는 주장을 받아들인다면 역사 서술이란 언어에 대한 연구 그 자체에 머무르고 말 것이고, 결국에는 역사학은 상상에 의한 언어 놀이 이외에 아무것도 아니다. 다시 말해 역사를 연구할 의미는 사라지고 만다. 역사 연구가 의미 있는 것이라 주장하려면, 사회적·정치적·경제적·문화적인 재차원에서 현실적으로 존재하는 실체를 인정하는 것이 (여기서 그것들은 물론 일차적으로 언어적 표현에 의존하지만 결국에는 언어와는 별도로 존재할 것인데) 아직도 가능한가를 모색해야 할 것이다.

우리의 사고 또는 언어 바깥의 실재적 과거가 존재하리라는 것은 일견 상식적일 것 같지만, 그 과거를 인식하고 이해하는 일은 결코 쉬운 일이 아니라는 점을 인정해야 한다. 인간은 수많은 입장들에서 출발하여 각기 다르게 과거를 보는 것이고, 거기에서 중요하고 의미 있다고 생각하는 것만을 취사선택하여 각기 다른 인과적 연쇄를 구성하기 때문이다. 따라서 무한히 많은 수의 해석들이 가능하다는 것을 인정해야 한다. 과거를 들여다볼 수 있는 자료들 또한 제한된 것이기 때문에 그 자료들은 언제나 부분적인 것이며, 그 자료에 의존한 판단을 유일하게 공정하고 객관적이라 치부해서는 안 된다. 역사가에게 남겨진 일은 그러한 자료를 평가하여 잠정적인 판단을 가진 채 그것에 의미를 부여할 수 있는 해석을 내리는 것이다. 물론 그 해석 또한 잠정적이고 가설적일 수밖에 없다. 따라서 역사 서술은 언제나 개인적인 성격을 가지며 그 결과물은 임시적임을 인정해야 한다.

근대 역사학이 노정한 가장 큰 오류는 자신의 연구가 움직일 수 없는 사실에 근거했기 때문에 그 결과는 달리 바뀔 수 없이 결정적이라고 치부했던 데 있다고 하겠다. 역사 서술을 가설적 작업으로 보는 일이 절대적 탐구 논리라는 견지에서 볼 때 아무리 부정적일지라도, 연구 결과의 잠정성에 대한 겸손만이 역사학이 미래에도 존속할 수 있는 여지를 열어줄 것이다. 그렇다고 해서 과거를 있는 그대로 재현할 수 없음을 인정하라는 것이 과거에 대해 침묵하라는 말과 같을 수는 없다. 기실 현대의 많은 역사가들은 한편으로 포스트모더니즘의 극단적 입장에 승복하지 않는 가운데, 그들의 작업에 궁극적 제약이라 할 수 있는 사실의 불확정성에 대한 충분한 인식을 가지고 조심스럽고 고통스럽게 그들의 작업을 수행하고 있다고 생각된다.

새로운 인문학으로서의 역사학을 향하여

포스트모더니즘은 근대 역사학의 거대 담론을 해체하는 데 성공을 거두었고 동시에 역사학의 본질에 대해 재고할 수 있는 기회를 제공한 것이 사실이다. 그러나 과거에 대한 역사가의 인식이 지극히 제한적이라고 해서 역사학을 더 이상 영위할 필요가 없다고 보는 것은 지나친 속단이다. 언제나 그래왔듯이 역사학은 인류의 미래의 형성에 영향을 끼칠 수밖에 없다. 역사학은 변화의 방향을 감지하고 어떤 특정한 방향으로 변화를 이끈다. 때로는 그러한 노력이 성공하여 승리자의 역사로 자처할 때도 있고, 때로는 실패하여 역사 속에 묻혀 영원히 망각되는가 하면, 훗날 다시 누군가에 의해 발굴되어 재조명되기도 한다. 역사학이 미래에 영향을 끼친다는 말은 미래가 과거에 의해 미리 결정되었다고 말하는 것이 절대 아니다. 다만 우리의 과거에 대한 인식은 우리가 원하는 특정한 미래상을 강화시키고, 나아가 그것을 실현시킬 수 있는 가능성을 제공해준다는 것이다. 과거의 사실들은 중립적이다. 현재에 우리가 그것들을 어떻게 조합하여 새로운 미래를 창출하는가는 전적으로 현재의 우리에게 달려 있다. 과거가 우리에게 가르쳐주는 바는 아무것도 없을지 몰라도, 적어도 우리가 미래를 만들기 위한 모든 재료를 제공하고 있다. 어느 경우이든 지나간 과거를 돌아보는 것은 필수적이므로, 역사학의 학문적 기반이 지금 아무리 흔들리고 있다고 해도, 미래에 있어 역사학이 필요 없다거나 존속하지 않을 것이라고 보는 것은 아무래도 지나친 판단이다.

인간은 언제나 현재에 있어 우세한 제도들을 제검토하여 변화시키기를 원하고 미래를 위해 자신의 존재를 재규정하고자 한다. 그러기 위해서는 과거를 재인식하고 재해석하는 일이 필수적이다. 그러나 과거란 거의 무한한 하나의 총체이다. 거기에서 영원히 옳은 하나의 해석이 나올 수는 없다. 잊혀진 기억들이 다시 회상되고 생생했던 기억들은 다시 잊혀져가는 가운데, 언제나 새로운 관점에서 지나간 사건과 인물들을 해석하는 일만이 우리에게 남겨져 있다. 역사학이란 과거의 사실들을 하나의 이야기로 엮어서(그 과정이 허구적이라고 판단할 수도 있다) 현재의 우리들에게 이르는 하나의 의미 있는 경로를 말해주는 것이다. 그리고 많은 경우에 있어서, 그러한 의미화의 작업은 객관적이라기보다는 주관적이라 할 수 있는 의도하에서 이루어지고, 또한 미래에 대한 일정한 전망하에서 이루어지는 것을 피할 수 없을 것이다.

인류는 개인적으로나 집단적으로 자기 존재를 재검토하고 재각성하는 의미화의 작업 속에서 살아가는 것을 숙명으로 타고났다. 우리가 지금 왜 이러한 존재로 형성되었는가, 왜 이러한 세계관을 갖게 되었는가를 끊임없이 검토하는 것이다. 그러한 검토의 과정에서 역사학 연구는 커다란 부분을 차지해왔으며 앞으로도 그럴 것이다. 다만 현대의 역사학은 더 이상 자신의 독특한 고유의 영역을 고집할 수 없게 되었으므로, 사회과학 등의 인접 학문을 수용하고 있고 특히 문학적 영역과 울타리를 허물고 교류하지 않을 수 없게 되었다. 이제 역사학은 궁극적으로 인문학으로 남게 된다. 이 인문학은 아직 이름 붙이기 힘든 '새로운 인문학'이다. 이는 우선, 사회과학과는 비교적 적대적 입장을 취했던 전통적 인문학과는 차원을 달리한다는 뜻에서이다. 새로운 인문학은 인간성에 관련된 것을 다루는 모든 영역을 포괄한다. 한때 인문주의적인 것과는 격리되어 관련성이 없는 것으로 간주된 분야까지도 그것이 인간의 미래를 추구하는 데 있어 상호 보완적인 하나의 시각을 제공해준다면 이제 그것도 기꺼이 수용해야 한다.

역사학의 범위를 이토록 한없이 넓힌다는 것은 무책임한 태도일 수도 있다. 분과적 전통성에 자부심을 가졌던 연구자들에게는 특히 더 그럴 것이다. 그러나 그러한 지적 자부심은 포스트모더니즘의 도전 앞에 설 자리를 잃고 말았다. 새로운 인문학이라는 것이 아무리 이상주의적으로 보이더라도, 여태껏 그 어떤 역사가도 한량없이 다양한 과거를 명증한 하나의 이야기로 엮어 그것을 영원한 진리로 유지시키지 못했다는 것을 상기해야 할 것이다. 다양한 목소리를 허용하는 새로운 역사학에서는 역사에 있어 유일하고도 뚜렷한 목적을 운위하는 것이 불가능하다. 그러나 그것이 우리가 어떤 목적을 가져서는 안 된다는 것을 의미하지는 않는다. 우리에게는 언제나 우리가 원하는 미래를 모색할 자유가 주어져 있다. 그리고 그 자유는 우리에게 주어진 것들의 한계 안에서만 모색될 수 있다. 새로운 인문학으로서의 역사학은 언제나 그랬던 것처럼 우리에게 주어진 것들이 무엇인가를 끊임없이 검토하면서 인류의 앞길을 전망하는 갈피를 잡아나갈 것이다.

국가사로 본 남북한의 역사학

정두희
사학과

문제의 제기

남북한에 동시에 존재하는 다른 모든 학문 분야에 앞서 남북한 역사학의 통합 문제가 제일 먼저 제기되는 까닭은 무엇인가? 이것은 남북이 반세기에 이르는 분단 이전 수천 년의 역사를 서로 공유하고 있는 하나의 민족이라는 소박하면서도 강렬한 민족주의적 정서에서 비롯된 것이라고 생각된다. 그러므로 남북한 역사학의 통합은 남북의 통일을 당위적 전제로 두고 제기되는 문제라는 점을 먼저 확실하게 인식하는 것이 좋을 것 같다. 민족이 하나로 된다면 소위 '민족의 역사'가 하나로 통합되는 것은 너무도 당연한 일이 아니겠는가?

그러나 좀 더 곰곰이 생각해보면 역사학을 포함한 학문의 세계에서 통합이란 말은 성립되기 어렵다고 생각한다. 학문의 세계에서는 하나의 객관적 진실이 백일하에 드러나 모든 다른 견해를 하나로 귀결시킨다는 일을 상상할 수 없기 때문이다. 그러므로 학문의 세계에서는 그러한 진실에 이르기 위한 수많은 대안이 제기되고 서로 경쟁하면서 발전이 이루어지기 때문에, 그 다양한 이견들을 하나로 통합한다는 것은 학문을 말살하는 것이나 다름없는 생각이라 할 수 있다. 학문의 세계에서는 통합이 아니라 다양성이 더 중요한 덕목일 수밖에 없는 것이다.

그렇다면 왜 남북한 역사학의 통합이 문제되어야 하는가? 남북한의 역사학의 통합이 문제된다는 것은, 남북한의 역사학이 지금 서로 다른 세계에 있다는 말이 될 것이다. 그렇다면 남한의 역사학과 북한의 역사학은 현재 어떤 상태에 있는가? 남한의 역사학, 북한의 역사학은 합해 '통일된 민족사'가 될 수 있는가? 현재 너무도 상이한 두 개의 서로 다른 국가 체제로 존재하는 남북한의 역사학은 민족사인가, 아니면 국가사인가? 남북한 역사학의 통합 문제를 성찰해보기 위해서는 그에 앞서 생각해보아야 할 사안들이 너무도 많다는 점을 알게 될 것이다. 그러므로 필자는 여기에서 제기한 문제들을 드러낸 다음, 남북한 역사학의 통합 문제라는 주제에 접근해보고자 한다.

우리들에게 '남북한'은 어떤 의미를 지니는가?

우리들에게 너무도 일상적으로 사용되는 남북한이란 말 속에 어떤 구체적인 내용이 있는 것인지를 명료하게 생각해본 적은 없는 것 같다. 말 그대로라면 우선 남북한은 한반도라는 지역의 남쪽과 북쪽을 지칭하는 말이라 할 수 있다. 그러나 북한에서는 같은 상황에서 남북 모두를 지칭할 때 결코 남북한이라 하지는 않는다. 그들은 남북한 대신 북남조선 등 다른 이름으로 부른다는 점을 생각하면, 남북한이란 말 자체에 벌써 남쪽의 가치관이 반영되어 있다는 것을 알 수 있다. 말하자면 우리들에게 익숙한 남북한이라는 용어는 한국, 즉 대한민국의 남쪽과 북쪽이라는 의미를 담고 있으며, 북한에서 쓰는 용어는 조선민주주의인민공화국의 북쪽과 남쪽 의미를 담고 있는 것이다. 결국 남북한이라는 말 속에는 북한을 우리와 대등한 또 다른 국가로 인정치 않겠다는 생각이 은연중에 담겨 있다.

그러나 우리 사회가 민주화되고 다원화되어가면서 남북한 간 대화의 폭도 과거에는 상상할 수 없을 정도로 확대되어가고 있음에도 불구하고 여전히 남북한이라는 말을 쓰는 것은 단지 익숙하고 편리하기 때문일까? 그렇다 하더라도 통일에 대한 논의가 확대되고 있는 오늘날의 상황 속에서는 이 문제가 다른 뜻을 내포하고 있는 것은 아닌가 한다. 즉, 남북한이란 지칭 속에는 남북한은 갈라져 있어도 결국 하나라는 의식이 담기게 된 것이라고 생각한다. 결국 우리는 통일될 미래 어떤 나라의 남쪽과 북쪽일 뿐이라는 생각이라면 남북한이라는 편리한 관용어는 오늘날도 널리 쓰일 수 있을 것이다. 그 이유가 어디에 있든 남북한이라는 용어 속에는 심각한 차이점이 있다는 사실이 의식적 혹은 무의식적으로 감추어져 있다는 점을 지적하고자 한다.

그러나 오늘날 남북한의 통합을 거론할 때 남북한은 무엇인가? 이렇게 생각해보면 결국 남쪽에는 대한민국이 있고, 북쪽에는 조선민주주의인민공화국이 있다는 엄연한 현실을 인정하지 않을 수 없다. 그러므로 남북한의 통합, 혹은 남북한 역사학의 통합이라는 문제를 생각해보기 위해서는 남북한이 각기 철저하게 다른 이념과 체제로 갖추어진 두 개의 서로 다른 국가들이라는 점을 덮어두어서는 안 된다. 남북한의 통합이란 대한민국과 조선민주주의인민공화국의 통합을 의미하며, 남북한의 역사학이란 이처럼 다른 두 개의 서로 다른 국가의 역사를 의미하는 것이다.

1998년 9월 5일자로 확정된 '조선민주주의인민공화국 사회주의 헌법' 전문에는 다음과 같은 대목이 있다.

> 위대한 수령 김일성 동지는 민족의 태양이시며 조국 통일의 구성이시다. 김일성 동지께서는 나라의 통일을 민족 지상의 과업으로 내세우시고 그 실현을 위하여 온갖 로고와 심혈을 다 바치시였다. 김일성 동지께서는 공화국을 조국 통일의 강유력한 보루로 다지시는 한편 조국 통일의 근본 원칙과 방도를 제시하시고 조국 통일 운동을 전민족적인 운동으로 발전시키시여 온 민족의 단합된 힘으로 조국 통일 위업을 성취하기 위한 길을 열어 놓으시였다.

이 전문은 김일성의 업적을 토대로 북한 정권이 탄생했음을 강조하면서 위에서 본 것처럼 그가 "공화국을 조국 통일의 강유력한 보루"를 다지고, "조국 통일 운동을 전민족적인 운동으로 발전" 시켰다고 강조하였다. 동시에 동 헌법의 제9조에서는 "조선민주주의인민공화국은 북반부에서 인민정권을 강화하고 사상, 기술, 문화의 3대 혁명을 힘있게 벌려 사회주의의 완전한 승리를 이룩하며 자주, 평화 통일, 민족 대단결의 원칙에서 조국 통일을 실현하기 위하여 투쟁한다"고 규정하여 북한 정부가 한반도의 통일을 지향하는 것임을 분명히 하였다.

한편 1987년 10월 29일에 개정된 '대한민국'의 헌법 전문은 다음과 되어 있다.

> 유구한 역사와 전통에 빛나는 우리 대한국민은 3·1 운동으로 건립된 대한민국 임시정부의 법통과 불의에 항거한 4·19 민주 이념을 계승하고, 조국의 민주개혁과 평화적 통일의 사명에 입각하여 정의·인도와 동포애로써 민족의 단결을 공고히 하고…….

즉 남한에서도 "조국의 민주 개혁과 평화적 통일"이 국가가 지향하는 최고의 목적임을 분명히 하였다. 동 헌법의 제3조에서는 "대한민국의 영토는 한반도와 그 부속 도서로 한다"고 명시하고 제4조에서는 "대한민국은 통일을 지향하며, 자유 민주적 기본 질서에 입각한 평화적 통일 정책을 수립하고 이를 추진한다"고 명확하게 밝히고 있다. 현재 대한민국은 한반도 전체와 부속 도서를 영토로 규정하고 있으며, 따라서 "대한민국은 통일을 지향"한다는 명분을 헌법에서 명확하게 규정하고 있는 것이다.

더욱이 두 헌법을 보면 양쪽이 모두 자기들의 이념과 체제로 상대방을 통일시키겠다는 점을 국가 존립의 중요한 이유로 설정하고 있다는 점을 알 수 있다. 상대방의 존재를 인정치 않고 상대방을 통일시킬 대상으로 본다면 남북의 대립과 경쟁이 얼마나 뜨거울 것인지를 짐작할 수 있다. 그리고 남북 양 국가가 모두 민족의 이름으로 통일을 추진한다 하였으니, 그 민족이란 우리 모두를 하나로 묶는 민족이 아니라는 점이 명백하다. 그러므로 우리는 남북의 문제를 어떤 각도에서 생각하든 이처럼 엄연히 다른 이념과 체제를 가진 철저하게 다른 경쟁적 국가라는 점을 깊이 새겨두어야 할 필요가 있다.

대한민국과 조선민주주의인민공화국의 역사와 역사학

우리들은 한국사를 민족사라고 이해하고 있으며, 이러한 전통은 그 나름대로 긴 역사를 지니고 있다. 신채호까지 거슬러 올라가지 않더라도, 해방 후 신민족주의를 표방했던 손진태(孫晉泰)의 『국사대요 國史大要』의 서문을 보면 다음과 같은 대목이 있다.

> 우리 민족사는 우리 민족만으로 만들어진 것이 아니요, 우리 민족이 세계 여러 민족 중의 하나임과 마찬가지로, 우리 민족사도 또한 세계사 속의 하나인 것이다. …… 우리는 쇄국적인 배타적, 독선적 사이비한 민족 사상을 버리고, 개방적이요 세계적이요 평등적인 신민족주의 입장에서 우리 민족사를 연구하고 이해하여야 할 것이다.[1]

1 孫晉泰, 『國史大要』는 1949년에 을유문화사에서 출판되었는데, 이 책은 1986에 같은 출판사에서 다시 인쇄 출판되었다. 여기서는 1986년판을 참고하였으며, 위의 인용문은 1986년판의 서문, 4쪽을 참조할 것.

손진태는 자신이 주창하는 신민족주의의 사학이 배타적, 독선적인 것이 아니라 개방적, 세계적, 평등적이라고 하였으나, 역사 연구의 단위를 '우리 민족사'라고 단정하였다. 그러기에 그의 『국사대요』에서는 민족의 성장에 따른 시대 구분이 적용되었던 것이다. 신석기 시대를 민족 형성 배태기, 삼국 이전 시대를 민족 형성 시초기, 삼국 시대를 민족 통일 추진기, 고려 시대를 민족의식 왕성기, 조선 왕조를 민족의식 쇠퇴기, 그리고 일제 강점기를 민족 운동 전개기로 구분하였던 것이다.[2]

그리고 손진태의 뒤를 이어 『국사요론 國史要論』이란 개설서를 쓴 이인영(李仁榮)은 해방 이후 세계사적인 흐름에 노출된 조국의 현실 속에서 "우리나라의 역사를 어떻게 이해하고 해석해야 하는가"라는 문제를 놓고 진지하게 고민하였다. 그는 이 책에서 '국사와 세계사'의 문제를 깊이 다루고자 하였다. 그는 "국사는 우리 민족의 형성 성쇠의 역사로 국사의 주체가 우리 민족 자신임에는 틀림없지만 우리 민족은 우리 민족만으로서 존재하는 것이 아니라 세계의 여러 민족들과 더불어 교섭하여왔으며 현재에도 더욱 밀접한 관련을 가지고 있는 것"[3]이라고 전제하였다. 그러면서도 그는 국사가 세계사에 묻혀 독자적인 특수성을 잃어서는 결코 안 된다는 것을 의식하고 다음과 같이 말하였다.

> 그러나 국사의 주체가 언제나 우리 민족 자신인 만큼 세계사적 조류 또는 소위 세계사적 필연성을 중시하는 나머지 민족적 의지 민족적 창조를 전혀 몰각

2 손진태의 시대 구분에 대해서는 이기백, 「한국사의 시대 구분 문제」 『한국사 시대 구분론』(경제사학회 편, 을유문화사, 1970) 8~9쪽을 참조할 것. 그리고 필자의 책, 『하나의 역사, 두 개의 역사학』(소나무, 2001) 54~57쪽을 참조할 것.

3 李仁榮, 『國史要論』은 1950년 金龍圖書會社에 출판되었으며, 1958년 民教社에서 다시 출판되었다. 이 두 판은 내용이 동일하다. 여기서 인용한 것은 1958년판, 제25장 「국사와 세계사」, 219쪽을 참조할 것.

> 沒覺하여 버린다고 하면 국사에 대한 진정한 이해는 고사姑捨하고 세계사의 파악에 있어서도 정곡을 잃을 것은 명약관화明若觀火한 사실이다. 국사와 세계사, 민족 문화와 세계 문화, 이것은 일견 대립되는 듯하지만 실상은 불가분리不可不離의 관계를 가지고 서로 영향을 주고받으면서 다 같이 세계 인류 사회 발전사를 형성하는 것이다.[4]

그는 역사의 보편성만을 강조하는 유물사관의 입장을 비판하면서 동시에 "관념적 민족성의 우수 또는 졸렬"에 만사를 귀결시키는 편협하고 잘못된 민족주의적 태도 또한 비판하였다.[5] 그리고 그는 자신이 추구하는 역사관을 "민족적 세계관에 입각한 세계사적 국사의 새로운 인식"이라 규정하고[6] 이러한 역사관이 앞으로는 크게 보급될 것이라고 예견하였다.[7] 이런 점에서 그는 손진태의 신민족주의 태도에 상당히 공명하고 있었던 것이다.[8]

사실 손진태와 이인영이 개설서를 썼을 때는 해방 이후 아직 한국전쟁

---

4 李仁榮, 「국사와 세계사」, 『國史要論』, 219~220쪽

5 李仁榮, 「국사와 세계사」, 『國史要論』, 220쪽

6 李基白의 논문 「新民族主義史觀과 植民主義史觀」(『韓國史學의 方向』, 一潮閣, 1978)에 의하면 "民族的 世界觀에 입각한 世界史的인 國史"의 주장이야말로 李仁榮 한국사관의 새로운 경지라고 높이 평가하였다.(115쪽)

7 李仁榮, 「국사와 세계사」, 『國史要論』, 220쪽

8 李仁榮은 "民族的 世界觀에 立脚한 世界史的 國史의 새로운 認識"을 주장한 다음에, "우리는 鎖國的인 排他的 獨善的 似而非한 民族思想을 버리고 開放的이요 世界的이요 平等的인 新民族主義 立地에서 우리 民族史를 硏究하고 理解"하여야 한다는 孫晉泰의 말을 직접 인용하고 있다. 이런 점에서 그는 孫晉泰의 신민족주의적 역사관에 깊이 공명하고 있었다고 말할 수 있다.(『國史要論』 220~221쪽 참조) 李仁榮의 주장이 孫晉泰의 영향임이 뚜렷하다는 것은 일찍이 李基白이 지적한 바가 있다. 『新民族主義史觀과 植民主義史觀』, 『韓國史學의 方向』, (一潮閣, 1978) 113쪽 李基白의 이 논문은 李仁榮의 사학의 사학사적 의의와 한계점을 체계적으로 이해하는 데 큰 도움이 된다. 李仁榮이 孫晉泰의 영향을 받았다고 해서 두 사람의 사관이 완전히 일치된 것이라고 이해해서는 안 된다. 특히 李仁榮 사학이 孫晉泰의 그것과 어떻게 다른가에 대하여는 위에서 언급한 李基白의 논문 117~118쪽을 참조할 것.

이 벌어지지 않았을 때였다. 이때는 현대사가들이 흔히 해방 공간이라 부르지만, 아직 국가로서의 정체성이 확립된 때는 아니었다. 그러므로 이 두 역사가가 민족사라고 했을 때는 국가 체제가 남과 북에서 갖추어져 있었을 때보다는 훨씬 진지하고 사실과 부합하는 것처럼 보였다.

그러나 한국전쟁 이후 남북 분단이 고착되고 남과 북은 각기 대한민국과 조선민주주의인민공화국으로서 각자의 길을 걸어갔으며, 동시에 치열하고 처절한 적대적인 경쟁 관계를 유지하였다. 대한민국에서 가장 대표적인 개설서로서 오랜 권위를 지니고 있는 이기백(李基白)의『한국사신론 韓國史新論－신수판 新修版』(일조각, 1996, 신수중판)에서 한국사에 대해 다음과 같이 언급하였다.

> 한국사의 주인공은 결국 한국인인 것이다. 이 한국인은 물론 한국민족이란 말로 대치시킬 수가 있다. 그런데 이 한국인 혹은 한국민족을 개인과 같은 단일한 존재로서 추상화시키는 것은 한국사의 진실을 이해하는 데 오히려 방해가 된다. 한국민족도 하나의 사회적 존재인 것이며, 거기에는 각기 역사적인 역할이 다른 여러 인간집단이 존재해 있었기 때문이다.[9]

위의 인용문에서 이기백은 한국사의 보편성과 특수성에 대해 말하고자 하는 것이지만, 그 안에서 그가 "한국사의 주인공은 한국인"이며, "이 한국인은 한국민족"이란 말로 대치시킬 수 있다고 한 사실에 주목하고자 한다. 그에게 있어서도 한국사는 한국 민족의 역사였다. 그리고 한국 민족의 역사를 배타적이고 특수하게만 이해해서는 안 된다는 점을 강조한 것

9 이기백,『한국사신론－신수판』(일조각, 1996 신수중판), 5~6쪽

은 손진태와 이인영의 민족주의적인 역사 해석의 전통과 그 뿌리를 맞대고 있는 것이다.

그러나 이기백이 이 책을 낸 1996년은 손진태와 이인영의 책이 나오던 때와는 너무도 달랐다. 손진태와 이인영의 역사 서술에서 그들이 살던 시대의 '국가사(國家史)'의 흔적을 찾기는 힘들다. 그 시대에는 아직 남과 북이 별도의 국가 체제로 각자의 운명을 개척해간다는 의식이 거의 존재하지 않았기 때문이었다. 그러나 1996년 역사가(歷史家) 이기백은 대한민국의 국민이었으며, 그의 민족사는 한국, 즉 대한민국의 민족사였던 것이다. 그러므로 그는 이 책의 제16장을 '민주주의의 성장'이라 제목하였으며, 그 마지막 절을 4·19혁명으로 장식하였던 것이다. 그러므로 그의 민족사는 대한민국이 자본주의적인 민주주의국가로 발전해가는 큰 흐름 속에서 파악된 역사였으며, 그런 의미에서 이기백의 『한국사신론』은 대한민국의 국가사라는 범위 속에 있는 것이다. 물론 그는 시종 민족사를 강조했지만 자신이 살고 있는 현재적 관점에서 민족의 문제를 볼 수밖에 없었던 것이며, 그런 의미에서 그것은 대한민국이라는 국가사였다. 그러기에 책 제목도 한국사, 즉 대한민국사라고 한 것이었다.[10]

그러나 북한, 즉 조선민주주의인민공화국의 역사 서술은 어떠한가? 1991년에 간행된 북한의 가장 대표적인 역사 개설서인 『조선통사(상)』에는 매우 짤막한 '머리말'이 있다. 여기에 이런 구절이 있다.

10 이것은 『한국사신론』을 예로 들어 설명한 것이다. 이미 우리 사회에는 이기백의 『한국사신론』과는 다른 입장에서 씌어진 역사서들도 적지 않다. 그런 역사서들이 대한민국의 국가사를 표방하지 않았다 하더라도, 이 논제에는 저촉되지 않는다. 그처럼 다양한 견해가 서로 공존하고 있다는 사실 자체가 우리의 현실이기 때문이다. 이 점에 대해서는 이 글의 후반부에 좀 더 언급될 것이다.

조선 인민의 발전 력사는 오랜 기간 자연의 구속과 사회적 예속으로부터 자기의 자주성을 옹호하고 실현하기 위하여 투쟁하여 온 자랑스러운 력사이다. ……

하나의 피줄과 언어와 문화를 가지고 한 강토 우에서 수천 년 동안 살아온 단일 민족인 조선 인민은 매우 이른 시기에 력사를 창조하는 길에 들어선 문명한 민족이다.

조선 인민은 오래동안 외적들의 큰 규모의 침략을 여러 차례 받았으나 그때마다 높은 애국심을 발휘하여 침략자들을 용감히 쳐물리치고 민족의 자주권과 존엄을 영예롭게 지켜왔다.

정의와 진리를 사랑하는 정신이 강한 조선 인민은 예로부터 지배와 폭압을 반대하고 자유와 진보를 위하여 굴함 없이 싸워왔으며 자기의 우수한 재능을 꽃피워 찬란한 문화를 창조함으로써 인류 문화의 보물고에 크게 이바지하였다.[11]

『조선통사』에서는 조선의 역사가 자주성을 옹호하고 실현하려는 '조선 인민'의 역사라고 하면서, 동시에 '단일 민족'이며 '문명한 민족'이라 말하고 있다. 그리고 자주성을 지키기 위해 외래의 침략을 물리쳐 찬란한 문화를 창조한 민족임을 강조하였다. 이처럼 민족주의적 입장을 강조한 『조선통사』의 구체적 내용은 시종일관 사회적 계급으로서의 인민이라는 입장보다는 외래의 침략에 대항하는 민족 투쟁의 역사를 훨씬 강조하고 있다.

이처럼 북한에서는 민족과 인민이라는 말을 혼용해 쓰지만, 이는 사회주의적 계급 이론과 민족주의 관점을 합하려는 것이었다고 생각한다. 그러기에 북한에서는 상충되어 보이는 이 두 개념을 하나로 묶는 주체사상이 성립하였으며, 모든 역사 해석은 이에 따라야만 하였다. 그러기에

11 손영종 외, 『조선통사(상)』(사회과학출판사, 1991), 1쪽

1987년판 『조선통사(하)』(사회과학출판사)에서는 한국전쟁 부분을 마무리하면서 이 전쟁의 의미를 이렇게 정리하고 있다.

> 조국 해방 전쟁에서의 조선 인민의 력사적 승리는 오직 위대한 수령 김일성 동지의 현명한 령도에 의하여서만 이루어질 수 있었다.
>
> 위대한 수령 김일성 동지께서는 조국 해방 전쟁의 전기간 조국과 인민의 운명을 한 몸에 지니시고 겹쌓인 난관과 시련을 헤치시면서 우리 당과 국가, 군대와 인민을 빛나는 승리에로 현명하게 이끄시였다.
>
> 조국 해방 전쟁에서의 조선 인민의 승리는 영생 불멸의 주체사상이 가져다 준 빛나는 결실이였다.
>
> 주체사상은 우리 당과 정부, 인민 군대와 인민에게 그 어떠한 엄혹한 시련도 이겨내고 원쑤와 싸워 이길 수 있는 필승 불패의 사상 정신적 량식을 안겨 주었다.
>
> 위대한 수령님께서 창시하신 주체사상이 있고 수령님의 현명한 령도가 계심으로 하여 전쟁 승리의 모든 요인들이 확고히 마련될 수 있었다.(492쪽)

김일성이 주체사상으로 항일 무장 투쟁을 이끌었는데, 그들의 말대로라면 이때에 와서 조국 해방 전쟁을 완전한 승리로 이끈 것도 김일성과 그가 창시한 '영생 불멸의 주체사상' 때문이었다는 위의 인용문은 북한의 역사학이 북한의 현 체제에 얼마나 철저하게 예속되어 있는지를 단적으로 보여주고 있다.

뿐 아니라 북한의 사회과학원 력사연구소에서 1979년에 펴낸 『조선전사』 제1권의 첫머리에는 이 책을 펴낸 입장을 다음과 같이 서술하였다.

> 위대한 수령 김일성 동지께서는 영생불멸의 주체사상을 창시하시고 사람이

모든 것의 주인이며 모든 것을 결정한다는 철학적 원리에 기초하시여 사회력사 발전의 합법칙성을 새롭게 밝혀주심으로써 력사과학의 유일하게 정확한 방법론적 지침을 마련하여 주시였다.

위의 인용문은 김일성의 주체사상은 "영생불멸"이며 동시에 역사과학의 "유일하게 정확한 방법론"을 마련해주었다는 것으로 요약될 수 있다. 지금부터 22년 전에 나온 책의 머리말이지만, 북한의 역사학에는 이 원칙이 지금까지 변함없이 지켜지고 있다. 김일성의 주체사상이 역사학 연구의 유일하고 정확한 방법론이며, 이 원칙은 영생불멸하기 때문에 20세기 말의 격랑이 온 지구를 휩쓸 때에도 북한의 역사학에는 근본적인 변화가 없을 수밖에 없었던 것이다.

이런 대원칙 아래서 북한의 역사학은 세 가지 골격을 세우는 데 진력해왔다. 첫째는 무엇보다도 이민족과의 항쟁사를 체계화하는 데 노력하였으며, 둘째는 역사상의 모든 발전은 근로 인민 대중에 의한 내재적 요인에 의해 자주적으로 발전해왔다는 것을 강조해왔다. 그리고 셋째로는 단군의 고조선에서 시작하여 고구려-발해-고려-북한으로 이어지는 역사를 중심으로 소위 북한식 정통 사관을 확립하는 일에 주력하였다. 오늘날 북한이 철저한 자력갱생주의를 주장하는 김일성의 주체사상을 국시로 내걸고 있음을 감안하면, 북한 역사학이 이렇게 구성되어야 할 필요성을 쉽게 짐작할 수 있다. 그리고 현재의 남북 분단 상황에서 남한이 아니라 북한이 우리 역사의 진정한 정통성을 계승한 국가임을 과시하려는 의도가 그 역사 서술에 깊이 반영된 것임을 알 수 있다. 이것은 김일성의 주체사상에 토대를 둔 북한의 역사학이 민족의 역사라는 점을 아무리 강조해도, 이것은 어디까지나 조선민주주의인민공화국의 국가적 관점에서 본 민족사에 지나지 않는 것이다. 더 나아가 위의 인용문을 보면, 주체사상은 "영생불멸"이며, 김일성이 제시한 방법론은 "력사과학의 유일하게 정확한 방법론"이었던 것이다. 그러므로 민족사에 대한 해석은 김일성이 제시하는 이 지침에만 따라야 하며, 그렇게 정리된 조선민주주의인민공화국의 역사가 민족사의 정통이었다. 이는 그 외의 역사 해석, 말하자면 대한민국의 입장에서 본 역사학은 이단이라는 뜻이라고 해석할 수밖에 없다.

민족은 하나라고 하지만, 적어도 민족을 인식하는 태도는 결코 하나가 아니라는 평범한 사실을 직시해야만 한다고 생각한다. 남북의 두 국가는 모두가 하나의 민족이라는 점을 강조하고, 역사를 민족주의적으로 인식하지만, 상대방의 민족 인식을 거부하는 입장에 서 있는 것이다. 그러므로 분단 이전의 장구한 역사 혹은 과거를 공유하고 있다 하더라도, 남북 양국의 역사학은 결코 하나가 아니며, 현재로서는 하나로 될 수도 없는 상태에 있다고 생각한다.

통합론의 이면에 내재한 문제점: 결론에 대신하여

이상에서 필자는 남북한의 문제를 대한민국과 조선민주주의인민공화국이라는 두 개의 상이한 국가 간의 문제로 보아야 할 필요성에 대해 언급하였다. 그러므로 남북한의 역사학은 이 두 국가의 '국가사'이지, 결코 하나로 통합된 '민족사'가 아니라는 점을 거듭 강조하고자 한다. 따라서 남북의 두 국가가 하나로 통합되지 않는다면, 두 국가의 역사학도 결코 통합될 수 없을 것이 당연하다. 여기에서 통합의 문제점을 좀 더 드러내야 할 필요가 있을 것 같다. 우리는 지금 어떠한 통합을 말하는가라는 점을 명료하게 하지 않으면 상당한 혼선이 있을 것 같기 때문이다.

두 국가의 통합이라는 말은 두 국가의 통일이라는 말과는 어딘가 다른 것 같다. 우리는 통일이라는 말에 너무도 익숙해 있으므로 이 자리에서는 일단 통합과 통일이 같은 의미로 생각하고 몇 가지 논의를 진전시키고자 한다.

먼저 남과 북을 통일한다면 어떤 통일을 의미하는 것일까? 먼저 남과 북 어느 일방이 상대방을 압도해서 통일을 이루는 것이다. 전쟁을 통해 통일을 달성하거나, 아니면 경제력과 같은 또 다른 힘을 내세워 상대방을 자기 체제하에 흡수해버리는 통일을 생각해볼 수 있다. 이러한 통일을 전제한다면 남과 북의 역사학 통합 문제는 전혀 문제될 것이 없다. 어느 한쪽이 다른 한쪽의 한 부분으로 일방적 통합을 강요당할 것이기 때문이다. 그러나 오늘 이 자리에서 남북의 통합을 논의한다면, 그것은 상대방의 실체를 인정하는 통합, 양쪽이 동일한 지분을 가지고 독립성을 유지하면서 이루는 어떤 통합을 염두에 둔 것이 아닌가 한다.

그러나 서로 적대적이며 너무도 다른 이념과 체제를 지닌 남과 북의 두 국가는 동일한 지분을 가진 50:50의 통합을 이룰 수는 없는 상태에 있다고 필자는 생각한다. 따라서 이런 의미에서의 역사학의 통합은 불가능하다고 생각한다. 물론 날로 다원화의 길을 가는 대한민국 사회에서는 오랫동안 독재 체제 아래서 죄악시하던 마르크스의 유물사관에 의한 역사학 연구가 상당히 자유롭게 이루어질 수 있게 되었다. 아마도 머지않아 김일성의 주체사상에 따라 역사 연구를 하는 일도 가능하게 될 것이라고 예상한다. 그러므로 만약 이 자리에서 대한민국의 역사학계가 그러한 역사 해석도 포용할 수 있을 정도로 개방적이고 자유로워 져야 한다는 의미로 남북 역사학의 통합을 말한다면 그것은 얼마든지 가능하다고 생각한다. 생각할 뿐 아니라 이미 우리 사회는 그렇게 될 정도로 다원화되어가고 있는 과정에 들어섰다고 생각한다. 그리고 우리 사회의 다원화 과정은 이 정도에서 머무는 것이 아니라 당분간 더욱 빠른 속도로 진전될 것이라고 믿어진다. 그러나 이것은 어디까지나 대한민국이라는 국가 사회가 더욱 개방적이며 민주적 사회로 발전해가는 과정이지 남과 북이 동일하게 참여하는 통합은 아니다. 대한민국 사회가 이처럼 개방된 사회로 진전될수록 북한과의 차이점은 더욱 확대되어 나갈 가능성이 농후하다. 그러면 대한민국 사회에서는 북한식 역사 해석도 다양한 사회의 한 부분으로 포함될 수는 있을지라도 북한에서 이러한 다양성을 그대로 인정하기는 사실상 어려울 것이다. 그것은 유일무이한 역사 연구의 지침인 주체사상과 전면으로 배치되기 때문이다. 다원화, 개방화는 대한민국의 발전이 될지언정, 조선민주주의인민공화국의 국가 체제로서는 받아들이기 어려운 것이 될 수 있기 때문이다. 그러므로 어느 모로 보더라도 소위 남북한의 역사학은, 적어도 남과 북의 역사학이 동일한 지분으로 참여하여 또 다른 하나에 이르는 통합에 이를 길은 없다고 생각한다. 더욱이 다양한 역사 해석이 이미 대한민국 사회 내에 공존하게 되었기 때문에 소위 남한의 역사학이라는 것도 하나로 묶을 수도 없게 되었다. 이미 대한민국 사회 안에서는 하나의 절대적 역사 해석이라는 명제는 존재할 수도 없게 되었기 때문이다.

필자는 이 자리에서 남북한의 역사학이 아니라 대한민국과 조선민주주의인민공화국의 역사학이라고 말해야 문제가 분명해진다는 점을 강조하였다. 이 두 국가는 너무도 이질적이어서 단순하며 대등한 지분으로 참여하는 통합이 불가능하기 때문에 두 국가의 역사학 통합도 불가능하다는 점을 강조한 것이다. 거기에 더하여 모든 국가사는 그 국가의 국민 만들기에 직접·간접으로 참여한다는 점을 생각하면 더욱 그러하다.

그러나 남북의 두 국가 체제가 아무리 상이하고, 그 역사학의 방법론과 존재 의미가 아무리 달라도, 분단 이전 천 년이 넘는 긴 세월을 통일된 국가와 역사를 지니고 있었다는 사실을 무의미한 일로 돌릴 수는 없다. 한국전쟁 이후 그처럼 철저하게 적대적 관계를 유지해왔으며, 너무도 다른 이념과 체제를 구축한 남북의 두 나라였으면서도 양쪽 모두 민족 통일을 지상의 과제로 설정하였던 것은 이러한 역사를 무시하고서는 이해하기 어려운 것이다. 그러므로 남과 북은 분단되어 제각기 다른 길을 갔으면서도 남과 북은 통일되어야 한다는 당위성을 주장하는 데서는 한가지였다. 그러므로 남북의 화해 가능성이 과거 어느 때보다도 커진 오늘날 통합의 문제를 활발하게 공개적으로 논의하게 된 것은 커다란 발전이라 생각한다.

우리는 지난 반세기에 걸친 철저한 남북 대립에서 이제 겨우 서로의 존재를 인정하는 공존의 시대로 들어서려 하고 있다고 생각한다. 그나마 처음 시도하는 공존의 세계가 우리 모두가 기대하는 것만큼 빠른 시일 내에 이루어져, 서로를 겨냥한 총칼이 녹아 호미와 낫이 되고 남북을 갈라놓은 저 무서운 DMZ가 남북을 왕래하는 사람들의 자유로운 발길로 덮일 날이 있을지도 아직은 장담할 수 없는 상태에 있다고 생각한다. 그러므로 우리는 남북의 문제를 서로 다른 국가 간의 문제로 분리시켜 생각하는 사고에 더욱 익숙해져야 한다. 앞서 말한 것처럼 남북이 공유하는 과거의 무게는 결코 가벼운 것이 아니기 때문에, 남북 사이에는 언제나 서로를 통합하려는 구심력이 서로를 떼어놓으려는 원심력보다 훨씬 강하게 작용할 수밖에 없다. 그러나 서로 다른 이념과 체제를 가지고 날카롭게 대립해온 남북의 두 국가가 어떻게 동일한 통합론에 합의할 수 있는가? 그러므로 남북에서 주장되는 통합론은 그 장래를 낙관적으로만 보는 견해가 일반적인 것 같지만, 사실 남북 두 국가는 치열한 대립으로 치달을 위험성을 항상 내포하고 있는 것이다. 그리고 그 대립이 한국전쟁과 같은 처절한 결과를 초래하지 않는다고 누가 장담할 수 있는가?

그러므로 남북 역사학의 통합, 그것이 이 글에서 필자가 규정한 개념 속에서 이루어지는 것이라면 불가능하며, 그럴 필요도 없다고 생각한다. 국가적 통합을 전제하지 않는 역사학의 통합을 생각하기 어렵다. 그러므로 남북한 두 국가의 대등한 통합의 길이 없다면, 역사학 통합의 길도 없을 것이다. 남북한이 서로 (전쟁을 하지 않고) 공존할 수 있는 관계를 맺는다 하더라도 서로 상대방을 통일하고자 하는 것을 국가적 목표로 지향하는 한, 두 국가 간의 경쟁은 언제나 치열할 것이며, 그 경쟁의 길에서 우열의 차이가 없기를 바란다는 것은 비현실적인 생각일 것이다. 그러므로 현 단계에서 남북한의 역사학이 학문으로서 결코 동등한 가치를 지닌 것도 아니라는 점에서 인위적인 대등한 통합이란 불가능하며, 그럴 필요도 없다고 생각한다.

한류와 동아시아 문화의 미래

이욱연

중국문화전공

한류와 동아시아적 시각

적어도 문화사적으로 보자면, 한류는 한국사의 일대 사건이 아닐 수 없다. 한국은 근대 이전에는 중국 문화를, 근대 이후에는 미국 문화를 주로 수입해온 문화 수입국, 문화 수신자였다. 그런데 한류는 대중문화에 한정된 것이기는 하지만 한국이 문화 수출국, 문화 발신자가 되는 계기를 제공하였다. 한류를 두고 말할 때 한국인들이 들뜨고 자부심을 느낄 만한 것이다. 더구나 1997년 금융 위기를 겪으면서 한국인들이 쌓아 올린 발전의 신화가 무너지는 참담한 느낌을 경험한 직후에 날아든 한류는 한국인들이 상처 난 자존심을 만회하고 국민적 위기감을 해소하는 데 기여를 하였다. 또한 한류는 독재와 시위, 남북 분단 등 주로 어둡고 부정적인 차원이었던 한국에 대한 이미지를 밝고 역동적인 이미지로 바꾸는 데도 큰 기여를 했다. 물론 더 실질적인 효과도 있다. 한류가 막대한 경제적 부를 한국에 가져다주었다는 점이다. 2005년에는 드라마와 영화, 가요 등의 한류 수출액이 처음으로 1억 달러를 돌파하였다. 2004년보다 배가 증가한 것이고, 한류의 태동기인 1997년과 비교하면 8년 만에 무려 166배가 늘어난 것이다. 2005년은 한류 수출의 경제적 효과가 최고 수준에 이른 해였다. 한류는 민족, 국가, 자본의 측면에서 한국과 한국인들에게 충실히 봉사하는 더없는 효자인 것이다.

이러한 사정을 감안하고 보면, 한류가 유행하면서 한국인들 대다수가 느끼는 자부심과 긍지를 민족주의나 국가주의적인 것이라고 보면서 일방적으로 폄하할 수는 없어 보인다. 물론 한류가 동아시아에 유행하면서 한국에 한류민족주의, 혹은 한류국가주의라 할만한 조류가 한국에 유행하고 있는 것이 사실이다. 하지만 대다수 한국인들이 느끼는 한류에 대한 자부심과 긍지에는 오만한 민족주의 정서로만 치부할 수 없는, 민족 분단과 독재 등 고난의 현대사를 살아오면서 이만한 문화적 성취를 이루어낸 한국인들 스스로에 대한 자기 격려와 자기 위로가 들어 있다고 해야 할 것이다.

그런데 이렇게 한류가 한국인들에게 민족적 자부심을 높여주고 막대한 경제적 이익까지 가져다줄수록 지금 한국인들에게 필요한 것은 한류가 한국인을 넘어 동아시아에 무엇인지, 동아시아인에게 어떤 의미인지를 묻는 일이라고 본다. 한류를 단지 한국의 시각이 아니라 동아시아 시각에서, 한국 문화의 차원에서가 아니라 동아시아 문화의 차원에서 바라보고 그 의미를 다시 생각해보자는 것이다. 한류가 한류 접수 국가의 문화를 건전하지 않은 방향으로 왜곡하고, 그 나라의 문화적 활력과 자생력을 침식하거나 고갈시키는 작용을 한다면 한류는 동아시아 버전의 문화제국주의 문화 상품에 불과할 것이고, 동아시아 평화와 공동 번영을 방해하는 문화적 메커니즘일 것이다.

또한 한류로 인해 한국인들의 민족적 자부심이 높아지면서 한국의 민족주의를 강화시키는 하나의 계기로 작용하게 된다면 한류의 유행은 동아시아 평화에 결코 득이 될 것이 없다. 만일 한류가 이런 기능을 한다면 한류로 인해 한국이 지금 당장은 많은 유형·무형의 이익을 얻고 있다 하더라도 그것이 결코 장기적으로 오래 지속되지는 못할 것이며, 동아시아 평화와 공동 번영에는 도움이 되지 않을 것이다. 때문에 한류가 최고의 전성기를 구가하고 있는 지금 한국인들에게 필요한 것은 한류에 대한 자만이 아니라 한류가 동아시아에, 동아시아인들에게 무엇인지, 한류는 새로운 삶과 새로운 세상을 꿈꾸는 동아시아인들의 열망에 어떤 의미를 지닐 수 있는지를 동아시아 시각에서 생각해보는 일이다. 한류가 동아시아에서 또 하나의 아류 제국주의적 외래 문화로 기능하지 않기 위해서도 그렇고, 한류를 폐쇄적인 한국 민족주의 차원에서 구출하기 위해서도, 동아시아에서 현재 활발하게 싹이 트고 있는 새로운 동아시아 질서 구축을 위한 유용한 자원으로 활용하기 위해서도 이러한 작업이 필요하다는 것이다.

한류와 한국적인 어떤 것

한류가 동아시아에 유행하면서 많은 한국 학자들이 한류의 비밀, 한류의 문화적 DNA를 해명하기 위해 노력하였다. 동아시아인들이 왜 한류를 수용하고 한류에 열광하는지를 해명하면서 그 이유를 한국 문화의 특성에서 찾으려 한 것이다. 한류에는 서구 문화나 다른 동아시아 문화와 구별되는 한국만의 고유한 문화적 DNA가 들어 있다고 보는 것이다. 이와 관련하여 이어령(李御寧)은 대륙 문화와 해양 문화가 접목되어 있어 형성된 독특한 문화적 DNA가 한국문화에 있기 때문에 한류가 유행한다고 본다. 한류는 '반도형(半島型) 문명' 의 산물로, "대륙이나 해양에 종속된 문화가 아니라 대륙과 해양의 두 문명이 혼합된 반도형 새 문명의 발신"[1]이라는 것이다. 한류는 21세기 '반도형 문명' 의 도래를 알리는 하나의 징후인 셈이다.

이어령은 한국 문화의 고유한 특징을 대륙 문화와 해양 문화의 혼종성(混種性)에서 찾는 것인데, 이어령처럼 혼종성을 한국 문화의 고유 특징으로 들면서 한국 문화의 혼종성이 한류 유행의 원인이라고 보는 견해는

1 李御寧, 「21세기의 한국, 한국문화-대륙 문명과 해양 문명을 넘어」, 『세계의문학』 2004년 겨울호, 12쪽.

상당히 넓게 퍼져 있는 한류 담론이다. 그럴 때 흔히 거론되는 한국 문화의 혼종성은 전통과 현대, 동양적인 것(아시아적인 것)과 서구적인 것의 혼합으로 이루어진 혼종성이다. 한국 문화의 이러한 혼종성은 서구 문화를 동양인의 정서에 맞게 걸러주는 역할을 하는 동시에 동양적인 것을 서구적인 것, 현대적인 것으로 각색해주는 이중의 역할을 하면서 한국 문화는 전통과 현대, 동양적인 것과 서구적인 것의 절묘한 균형을 이루고 있다고 평가한다. 한국 문화는 지나치지 않을 정도로 서구적이고 현대적인 특징을 지니고 있으면서도 동양의 고유한 문화적 전통, 예컨대 유교적 정서라든가 가족의 가치를 중시하는 가치관 등 이른바 동양적 가치관, 아시아적 가치관을 풍부하게 간직하고 있어서, 이러한 한국 문화의 혼종성이 동아시아인들의 공감을 사고 있다는 것이다.

그런가 하면, 한류의 독특한 문화적 DNA를 한국 근·현대사에서 추출하는 입장이 있다. 예컨대 백원담(白元淡)의 경우 한류에는 오랜 주변적 삶에서 비롯된 강한 비판성, 식민지와 분단, 독재의 세월 속에서 일구어낸 빛나는 관계 지향의 문화, 한국 사회의 역동성, 인터넷 쌍방향 문화, 역동적인 문화 생산력, 서구 문화를 중역(重譯)하는 한국의 경험 등이 들어 있다고 본다. 한류는 "한국 사회의 반주가부적 역동성이 만들어 낸 문화적 활력의 표현"이라면서, 한국 근·현대사가 한류의 독특하고도 매력적인 DNA를 형성시켰고, 이것이 한국과 유사한 역사적 배경을 지닌 동아시아에 한류가 유행하는 원인이라는 것이다.[2]

앞의 이어령의 관점이 보수적 관점을 대표한다면, 뒤의 백원담의 관점은 진보적 관점을 대표한다. 정치적인 스펙트럼으로 보자면 둘은 보수와

2 白元淡, 『동아시아의 문화 선택 韓類』(팬타그램, 2005), 180쪽.

진보로 나뉘지만 한류에 대한 접근법 차원에서는 일치한다. 한국만의 고유한 문화적 DNA와 한류를 연결하면서, 한류가 동아시아에 유행한 원인을 한국 문화의 고유한 특징, 한류에 담긴 한국적인 특징 때문이라고 보는 한류에 대한 본질주의적 접근이라는 점에서 둘은 같다.

물론 한류에 대한 이러한 해석이 틀렸다고 볼 수는 없다. 문제가 되는 것은 이러한 해석의 정확성 유무가 아니라 이러한 한류 접근법, 이러한 차원에서 한류가 동아시아에 유행하게 된 원인을 해명할 때 동아시아 문화 교류에 초래될 부정적인 결과이다. 한국의 고유한 문화적 DNA라는 차원에서 한류를 해명하는 것은 한국 문화가 여타 동아시아 국가 문화와 구별되는 어떤 고유한 특징이 있고, 그 고유한 특징은 다른 국가의 문화에 비해 우월한 문화적 경쟁력을 지니고 있다는 시각을 전제하고 있다. 이 경우 동아시아에 한류가 유행하는 것은 문화 수준이 높은 곳에서 낮은 곳으로 흐르는 문화 교류의 일반적인 패턴을 반영하는 것이 된다. 여기서 한류는 동아시아 문화가 추구해야 할 문화적 이상형이 되고, 한류는 다른 동아시아 문화로 대체될 수 없는 독보적 의미와 지위를 지니게 된다.

무엇보다도 이런 입장을 밀고 나가게 되면, 원래 한국이라는 개별 국민국가의 '문화'였던 한류는 어느새 국가의 경계를 넘어 보편적인 '문명'의 수준으로 격상되기 마련이다. 그래서 이어령은 한류를 21세기 '반도형 문명'의 상징으로 보면서, 한국이 21세기 새로운 문명을 이끌 것이라고 말하는 것이고, 백원담에게 지금 현재 한류가 동아시아의 문화적 선택이라는 현상에 대한 기술과 동아시아의 문화적 선택이 한류여야만 한다는 한류 미래에 대한 당위적 차원이 서로 구분되지 않은 채 섞여 있는 것은 이 때문이다. 한류에 대한 본질주의적 해석이 한류중심주의, 한류민족주의로 나아가게 되는 것이다.

그런데 한 가지 흥미로운 사실은 한류에서 한국의 고유한 문화적 DNA를 추출하는 한류에 대한 본질주의적 해석이 한국만이 아니라 한류 수용국에서도 이루어지고 있다는 것이다. 현재 한류가 동아시아에서 유통되고 소비되는 양상을 보면 한국 가요와 드라마 등 한류 문화 상품들이 국경을 넘어 동아시아로 들어가는 순간 한류의 국적성(민족성)이 더욱 선명해지고 강화되는 현상을 발견할 수 있다. 한류가 국경을 넘는 순간, 한류 생산국인 한국과 한류 소비국인 동아시아 국가에서 한류 드라마와 가요에 한국 국적성(민족성)의 코드를 강하게 부여하는 작업이 공동으로 진행되고 있는 것이다. 한국의 경우 그 작업은 한국 가요와 드라마에서 한국만의 고유한 문화적 DNA를 추출하여 한류와 다른 국가의 대중문화의 차이를 드러내는 것으로 나타나고 있고, 한류를 수입하는 동아시아 국가들의 경우 한류 문화 상품에 담긴 콘텐츠를 곧장 한국 고유의 문화적 특징이나 한국과 한국 문화의 실제 모습과 연결시키고 있다.

물론 한류 가요나 드라마에 다른 나라의 대중문화 콘텐츠와 구별되는 국적성이 존재하는 것이 사실이고, 한류 드라마의 내용들이 실제 한국 현실에 존재하기도 한다. 하지만 한류 가요나 드라마의 내용이 한국 현실과 반드시 일치하는 것은 아니다. 한국 드라마 역시 다른 여타 국가의 드라마처럼 현실에서 결여된 욕망을 반영하는 경우가 많기 때문에 그렇다. 예컨대 중국에서 흔히 한국 사회의 특징으로 한국 드라마에 나오는 유교적 전통과 가족에 대한 사랑을 지적하는데, 이는 어느 정도 사실이기도 하지만 꼭 지금 한국 사회 실상과 일치하는 것은 아니다. 알다시피 한국은 세계에서 가정 폭력이 가장 심한 나라이기도 하다. 「대장금」에 나오는 여주인공 장금이, 「사랑이 뭐길래」의 남자 주인공 대발이, 「겨울 연가」의 남자 주인공 준상을 과거와 현재 한국 현실에서 찾기란 쉬운 일이 아니다.

하지만 한국 가요나 드라마 내용이 한국 문화의 특징에 부합하는지의 여부나 한류 드라마의 내용과 가치관이 지금 한국 현실에 실제로 존재하느냐의 여부를 따지는 일이 중요한 것은 아니다. 중요한 것은 한국 현실과 부합하느냐의 여부와 상관없이 한류가 국경을 넘어 유통, 소비되면서 동아시아 한류 소비자들이 한류 콘텐츠를 보면서 한류의 특정 부분을 한국 문화의 고유한 것으로 구성하고, 그것을 한국 문화의 실체라고 여기는 현상 자체이다. 동아시아 한류 소비자들이 한류를 소비하는 과정에서 한류 속에 담긴 것들이 한국에 실제한다고 믿는, 믿고 싶은 욕망을 면밀히 분석할 필요가 있고, 한류가 국경을 넘어 소비되면서 더욱 선명해지는 한국 국적성(민족성)에 새겨진 동아시아 한류 소비자들의 욕망을 눈여겨볼 필요가 있다는 것이다. 이를 사이드(Edward W. Said)식으로 말하자면 한류 콘텐츠 속의 한국이 실제의 한국과 일치하는지의 여부를 따지거나 한국의 고유한 문화적 DNA가 무엇인지를 해명하는 일이 중요한 것이 아니라 동아시아의 한류 소비자들이 한류 콘텐츠를 소비하는 과정에서 왜 한류 콘텐츠의 국적성(민족성)을 강화하고 한국적인 것을 스스로 구성해내는지를 검토하는 일이 필요하다는 것이다. 이 작업을 진행하는 것은 한류를 한국 중심에서가 아니라 동아시아 시각에서 바라보고 해명하는 일이자, 한류가 동아시아에, 동아시아인들에게 무엇인지를 묻는 작업이다. 동아시아의 한류 욕망 속에 담긴 한국의 국적성(민족성)을 해명하는 일이 아니라 동아시아 대중문화로 표출되는 동아시아인들의 욕망을 해명하는 일인 것이다.

중국 대중문화 속의 일류(日流)와 한류(韓流)

중국에서 처음 방영된 한국 드라마는 1993년 CCTV가 방영한 「질투」이다. 그 뒤 1997년 「사랑이 뭐길래」가 크게 인기를 누린 이후 한국 드라마는 본격적으로 중국 텔레비전 방송을 탄다. 지금까지 중국에 소개된 한국 드라마는 크게 보면 두 가지 타입으로 나뉜다. 처음에는 주로 중국에서 '청춘 우상극'이라고 부르는 잘생긴 배우들을 내세운 청춘 멜로드라마가 주류를 이루었다. 이 당시는 '일류(日流)'가 중국 텔레비전을 점령하고 있을 때였고, 엄밀하게 말하면 중국에 상연된 최초 한국 드라마 「질투」는 일본 드라마의 아류이자 모방이었다. 중국 CCTV가 최초 한국 드라마로 「질투」를 고른 것은 당시 중국 시청자들의 취향을 고려한 것이다. 하지만 '일류'의 원본이 대유행인 상황이었기에 '일류'의 복사본인 「질투」는 실패하였다. 그런데 1990년대 중반 이후 변화가 일어난다. 「사랑이 뭐길래」 이후 주로 가정 문제를 소재로 한 한국 드라마가 소개된다. 「목욕탕 집 남자들」에서부터 최근의 「인어공주」에 이르기까지 가정의 애환을 다룬 드라마들은 중국에서 큰 인기를 누린다. 이때부터 한국 드라마는 중국 텔레비전에서 일본 드라마와 대비되는 개성을 드러내기 시작하고, 한국 드라마가 일본 드라마를 대체하기 시작한다.

중국 텔레비전 드라마 시장에서 '일류'와 한류를 비교해보면 흥미로운 몇 가지 사실이 발견된다. '일류'는 처음에 일·중(日·中) 교류의 일환으로 관방적(官方的) 차원에서 정책적으로 시작한 데 비해 한류는 민간에서 자발적으로 시작되었다. 그리고 드라마 타입으로 볼 때 '일류' 드라마의 경우 대부분 스타 위주이고 낭만적 연애 스토리를 지닌 드라마인데 비해 한류 드라마의 경우 스타 보다는 스토리 위주이고 일상을 반영한 현실적인 스토리를 지니고 있다. 1990년대 중반까지 중국 텔레비전 드라마 시장을 석권한 것은 스타 위주의 낭만적 연애 스토리를 다루는 '일류'였다. 그런데 1990년대 중반 이후 그 '일류' 드라마가 한류 가정 드라마로 교체되었다.

그렇다면 중국 텔레비전 드라마 시장이 '일류' 드라마에서 한류 드라마로 교체된 무엇을 의미하는가. 중국 대중문화 시장에서 일어난 일본에서 한국으로의 국가의 교체인가 아니면 장르의 교체인가? 중국에서 일본에 대한 반감이 고조되어 일본 드라마가 퇴조한 것인가? 한국 드라마가 일본 드라마보다 뛰어난 때문인가? 사실 대중문화 현상이라는 것이 어느 한 요인으로만 설명할 수 없는 복합적인 요인을 지니고 있기 때문에 위에서 언급한 어느 한 가지 측면에서 그 이유를 설명한다고 해서 불가능한 것은 아니다. 하지만 중국 대중문화에서 한류가 '일류'를 대체한 이유를 설명하는데 있어서 한국과 일본이라는 대중문화의 국적성을 우선적으로 고려하는 것은 대중문화 유행의 생리에 맞지 않는다. 반일 감정이 더없이 고조된 지금도 중국에서 일본 청춘 멜로드라마나 일류 대중 가수의 인기는 여전하기 때문이다. 이런 사정을 감안하고 보면, 중국 텔레비전 드라마 시장에서 '일류' 에서 한류로의 전환이 일어난 배경으로 우선적으로 고려해야 할 것은 대중문화로 표출되는 중국인들의 욕망이 달라졌다는 점이다. '일류'가 유행하던 1980년대 말부터 1990년대 초까지는 개혁 개방이 시작되면서 현대화, 도시화가 태동하던 무렵이었다. 그런데 한류가 유행하던 1990년 중반 이후는 사회주의 시장 경제가 제대로 힘을 받으면서 사회주의 시장 경제로 인한 현대화, 도시화가 본격적으로 중국 대중들의 일상에까지 파고들어 중국 대중들의 일상과 사고를 바꾸어 놓기 시작하던 무렵이다. 이 두 시기 사이에 중국 대중문화 소비자들의 변화된 대중적 욕망을 감안하는 일이 '일류'가 한류로 대체된 배경을 분석할 때 우선적으로 고려되어야 한다는 것이다.

애초에 '일류'가 중국 대중문화에 공급한 것은 천편일률적으로 미남 미녀 배우들의 낭만적 연애 스토리였다. 사실 이것은 일본 드라마들이 전부 이러한 특징을 지니고 있어서가 아니라 중국에서 그런 드라마만을 수입하여 일본 드라마로 호명하는 가운데 그것이 일본적인 것이라고 코드를 부여한 때문이다. 그렇게 중국인들에 의해 새롭게 코드화된 일본적인 것, '일류' 드라마에 담긴 일본 문화의 특징은 낭만적 사랑과 연애였다. 중국이 그렇게 일본적인 것이라고 코드화된 낭만적 연애 스토리를 다룬 일본 드라마를 집중 수입한 것은 당시 중국 대중들, 특히 청소년들의 낭만적 사랑과 연애에 대한 열망 때문이었다. 중국이 개혁 개방 이후 한창 개인의 가치를 부르짖고 사랑과 연애를 개인의 신성 불가침한 권리로서 낭만적으로 이상화할 때이고, 일본의 사랑과 연애를 다루는 드라마는 이런 중국 대중의 욕망에 정확히 부응하였다.

이에 비해 가정 문제를 다룬 한류 드라마는 1990년대 중반 이후부터 최근까지 집중 소개되고 있다. 중국에 소개된 한국 드라마 중 절반 이상이 가정 문제를 다룬 것, 그중에서도 「목욕탕집 남자들」이나 「보고 또 보고」 같은 가부장적 권위가 강하게 드러나 있거나 가정 윤리의 소중함을 다룬 드라마들이다. 이들 드라마는 중국에서 큰 인기를 누리며, 한류 열풍을 선도하고 있다. 10대 청소년들이 한국 가요 스타들을 추종하면서 시작된 한류를 문화적인 바이러스로 여기면서 한류에 대해 반감을 가졌던 중·장년층 중국인들을 한류 마니아로 돌려놓는 데 가정 문제를 다룬 한류 드라마가 큰 역할을 했다. 이런 가정 드라마를 본 중국인들은 한국 사회에는 중국인들이 잃어버린 중국인들의 옛 전통, 유교적 전통이 아직도 살아 있다고 말한다. 1990년대 후반 이후 중국 문화의 가장 중요한 조류는 문화 보수주의 물결과 전통의 부활이다. 중국의 전통 복장인 당장(唐裝)이 유행하고 중국의 전통 매듭이 국가의 새로운 상징 문양으로 등장하였다. 공자 추모제가 부활되었고 소학교에서는 유교 경전을 교육하기 시작하였으며, 대학에서는 국학원(國學院)이 설립되었다. 이런 문화 보수주의의 흐름 속에서 중국인들이 유교의 가치가 담겨 있다고 평가하는 한류 드라마가 중국 가정에서 폭발적 인기를 끌었다.

결국 이렇게 보자면 중국 대중문화 소비 시장에서 '일류'와 한류가 유행하고, '일류'가 한류로 교체되는 것을 추동하는 힘은 일류, 한류가 지닌 어떤 본질적인 문화적 DNA 때문이라기보다는 중국 대중문화의 내적 논리, 중국 문화 소비자들의 문화 소비 욕망 때문이다. 자신들이 필요로 하는 일본과 한국의 대중문화를 가져와서 일본적인 것으로, 한국적인 것으로 호명하고 코드를 부여하는 것이다.

2005년 중국을 뒤흔든 문화적 사건은 후난(湖南) 위성 텔레비전이 주도하였다. 2005년 대중문화의 가장 중요한 양대 문화적 사건인 「슈퍼 우먼」(초급 여성)'과 한국 드라마 「대장금」을 후난 위성 텔레비전에서 방영한 것이다. 「슈퍼 우먼」이라는 프로그램은 미국의 「American Idol」과 흡사하다. 남녀노소 없이 대회에 참가하여 노래를 불러 예선이 거듭될 때마다 서바이벌 게임으로 일정 수를 탈락시키면서 최종 우승자 한 명을 가리는 것이다. 20이 프로그램에 창사(長沙) 등 5개 도시에서 아홉 살 소녀에서부터 60대 할머니까지 15만 명이 참가하였고 연인원 4억 명이 시청하였다.

지방 위성 텔레비전의 한 프로그램이 큰 인기를 끈 이유는 물론 여러 가지다. 각 지역별로 예선을 하여 지역별 경쟁심을 유발하였다든지, 참가자들 노래 실력이 뛰어나다든지 등이 그렇다. 그런데 주목할 것은 이 프로그램이 인기를 끈 이유가 중국 민중들의 정치적 욕망과 관련되어 있다는 점이다. 이 프로그램의 특징 중 하나는 전체 선발 과정이 모두 시청자들의 문자 메시지나 도중에 탈락한 사람들로 구성된 관중 심사위원의 투표로 진행된다는 점이다. 시청자와 방청객들은 자기가 지지하는 참가자들에게 열광적인 응원을 보내고 주위에 선전한다. 그리고 투표 결과가 그 자리에서 투명하게 공표되는 가운데 자신이 지지하는 참가자가 예선을 통과하면 기뻐하고 떨어지면 좌절한다. 선거를 통해 자기가 지지하는 사람을 당선시키려는 정치 과정과 흡사한 것이다. 중국인들에게는 직접 투표를 하는 민주 정치의 경험이 없다. 이런 상황에서 「슈퍼 우먼」에서 투표는 일종의 정치적 민주 실천인 것이다. 자기 의견을 발표하고, 자기의 요구를 관철시키고, 공정하고 투명한 경쟁이 보장되는 질서와 경쟁 시스템 속에서 내가 좋아하는 사람을 내가 직접 뽑을 수 있다는 중국인들의 욕망이 투영된 것이다.[3]

「슈퍼 우먼」이 크게 유행한 또 다른 이유는 이 프로그램이 대중들의 성공 신화를 건드리고 있다는 점이다. 지금 중국에는 성공 신화가 대유행이다. CCTV 같은 국가의 이데올로기 기구들이 총동원되어 조장하기도 하고 민간에서 자발적으로 이에 동조하고 참여하면서 성공 신화가 사회주의 시장 경제 시대의 새로운 국가 이데올로기가 되었다. 누구나 노력하면 성공할 수 있다고 선전하면서 사회주의 시장 경제 시대의 정당성을 인민들에게 선전하고 있고, 인민들 또한 그렇게 믿으면서 성공 신화에 매료되어 있다. 이런 사회적 분위기 속에서 「슈퍼 우먼」은 아무런 사회적 배경

3 大詩, 「超女的意義何在」, 『新京報』 2005년 8월 26일

없이 오직 자신의 노래실력과 재주만으로 15만 명의 경쟁을 물리치고 성공을 쟁취하는 성공 신화를 제공한 것이다. 또한 다른 후보들과 경쟁하는 과정에서 경쟁자들끼리 서로 협력하고 같이 화음을 맞추어 합창을 해야 하는 등, 규칙을 지키고 협력하고, 탈락자를 배려하면서 마침내 성공을 쟁취한다. 사실, 중국인들은 이 프로그램을 보면서 이 프로그램의 최후 승리자의 성공 신화에도 열광하지만 이 우승자가 오직 자신의 능력과 노력에만 의지해 하나하나 어려운 관문을 통과하면서 밑바닥에서부터 정상까지 올라가는 투명한 과정에 더 열광한다.

2005년 중국 대중문화의 유행을 추동하는 이러한 풍경은 후난 위성 텔레비전이 내보낸 또 다른 히트작인 한류 드라마 「대장금」에서도 거듭된다. 그동안 중국의 한류는 나이에 따라 양분되어왔다. 10대 젊은 층들은 주로 한국의 가요와 잘생긴 한류 스타들에 빠졌고, 성인들은 한국의 가정 드라마를 주로 좋아하였다. 그런데 「대장금」은 남녀노소를 초월하여, 그리고 한국 드라마에 대해 거부감을 가지고 있던 사람들까지 망라하여 인기를 끌었고, 일종의 대장금 신드롬을 형성하였다. 대장금이 유행한 데에는 드라마가 중국인들에게 낯익은 한의학 정보를 제공한다든가, 한국 음식에 대한 호기심을 자극한다든지 여러 가지 요인들이 복합적으로 작용하고 있다. 하지만 중국인들의 반응을 종합해보면 중국인들이 가장 관심을 보이는 것은 여주인공 장금이의 '장금 정신'이다. 장금이는 "출신이 어떠하든지 후천적인 노력에 의해 난관을 극복하고 자신의 삶을 완성"하고 마침내 정상에 서는 사람으로, 굳은 의지를 가지고 좌절하지 않으면서 자강불식(自强不息)의 정신을 발휘하여 성공한 사람이라고 평가하는 것이다. 한 중국 네티즌은 장금이가 자신들에게 가져다준 것이 무엇인지, '장금 정신'의 특징에 대해 순위를 매겼다. "1. 굳은 신념, 2. 좌절하지 않는 정신, 3. 자기 일에 진지한 태도, 4. 자기를 극복하는 것을 즐기는 점, 5. 동정심을 지니고 있음, 6. 우정이 깊음 7. 남을 시기하지 않고 자기가 남보다 더 잘하는 것에만 관심을 둠……"[4]

2005년 중국에서 「대장금」이 한류 드라마 사상 최고의 인기를 누리면서 대장금 신드롬을 낳은 배경은 중국인들이 자국 텔레비전 프로그램인 「슈퍼 우먼」을 보며 열광한 것과 상당 정도 겹친다. 「슈퍼 우먼」 프로의 참가자들과 「대장금」의 장금이를 통해서 오직 자신의 노력으로 밑바닥에서부터 시작하여 마침내 정상에 선 성공 신화를 배우고, 공정한 경쟁 시스템과 성공을 위한 치열한 경쟁 속에서도 주위 사람들을 배려하고 주위 사람들과 공생하는 선량한 마음 등을 욕망한다. 이 점에서 보자면 「슈퍼 우먼」과 「대장금」의 유행은 성공 신화가 국가 이데올로기가 된 지금 중국에서 문화적인 사건인 동시에 정치적인 사건이다.

그리고 「슈퍼 우먼」과 「대장금」 열기는 중국인들이 현재 자신들의 삶에 결여되었거나 소망하는 것을 이들 두 프로그램에 투사하면서 생긴 것이라는 점에서 보자면 중국 텔레비전 프로그램인 「슈퍼 우먼」과 한국 드라마인 「대장금」은 국적은 다르지만 중국 대중문화 현장에서 지니는 의미와 수행하는 기능 차원에서 보자면 둘은 서로 겹치고, 둘의 사이에는 차이가 존재하지 않는다. 여기서 한류로서의 「대장금」 속의 '장금 정신'은 중국인들이 자신들의 욕망에 의해 새롭게 구성한 것이고, 이는 한류 드라마 속에 구현되어 있기에 한국의 것이기는 하지만, 중국인들의 욕망 속에서 재구성되었다는 측면에서 보자면 한국의 것이 아니라 중국의 것이다.

「대장금」이 2005년 중국 대중문화에서 하나의 문화적 키워드가 될 수

4 www.sina.com.cn의 「大長今」 토론방.

있었던 것은 이런 사정 때문이다. 물론 「대장금」이 크게 유행한 데에는 드라마에 나오는 다채롭고 먹음직스러운 한국 궁중 요리들이 먹는 것을 하늘처럼 여기는 중국인들의 구미를 자극하고, 화려한 한국 궁중 의상이 중국인들의 눈요깃거리를 제공한 한국 고유의 문화적 DNA도 한몫을 했다. 하지만 그러한 고유의 문화적 DNA도 중국 대중들의 욕망과 결합됨으로써 한국적인 것으로 승인되었다는 점이 감안되어야 한다.

서로 뒤섞이는 동아시아 문화의 미래

한류에 한국적인 어떤 고유한 것, 한국의 고유한 문화적 DNA가 들어있다고 하더라도 동아시아 한류 소비자들은 한국의 고유한 문화적 DNA를 그대로 수용하는 것이 아니다. 오히려 국경을 넘어 동아시아 여러 국가로 들어가 소비되면서 한류 소비국 대중들의 욕망에 따라 한류의 한국적인 것이 재구성된다. 자신들의 욕망이 투사된 특정 부분을 한국적인 것을 코드화하는 것이다. 적어도 중국인들이 한류를 수용하는 방식의 경우 그렇다. 그런데 이러한 양상은 한류에서만 일어난 것이 아니라 '일류'에서도 일어났다. 한국적인 것과 일본적인 것이 한류와 '일류'를 소비하는 시기에 따라 대중들의 욕망에 따라 재구성되는 것이다.

동아시아 대중문화 시장은 그동안 타이완 문화, 홍콩 문화, 일본 문화, 한국 문화 순서로 교체가 이루어졌다. 그런데 이런 교체가 일어난 것은 타이완 문화, 홍콩 문화, 일본 문화, 한국 문화 자체의 특징보다는 이들 문화를 찾는 동아시아 대중들의 욕망이 각각 시기적으로, 내용적으로 변화하였기 때문이다. 이런 흐름에서 보자면 현재 한국 문화관광부가 동아시아에서 한류가 오래 유행할 수 있도록 집중적인 정책을 펴고 있지만, 한류 역시 동아시아 대중문화 시장에서 다른 나라의 문화로 대체될 수 있다. 물론 그런 일이 일어난다면 한류 덕분에 경제적으로도 문화적으로 막대한 유형·무형의 혜택을 보고 있는 한국으로서는 큰 손실이 아닐 수 없다. 하지만 동아시아 문화 시장에서 '일류'가 그렇듯이 한류가 완전히 사라질 가능성은 희박하다. 감히 전망하자면, 동아시아 문화는 한류(韓流), 일류(日流), 화류(華流) 등이 서로 경쟁하고 혼재하면서 빠르게 동아시아 문화권을 형성할 것이다. 서로가 서로의 문화적 자산을 복사하고 빌려 쓰면서 존재할 것이다. 그리고 그런 동아시아 문화의 다양한 공존의 한 계기를 제공한 것이 한류라는 점은 의심의 여지가 없는 사실이다. 동아시아 각국의 문화가 서구를 자신의 모델로 삼던 과거의 문화적 관행에서 벗어나 동아시아 역내 문화를 서로의 모델로 삼거나 참고하는 추세가 불가역전의 대세로 자리 잡는 데 한류가 기여한 바가 크다는 것이다. 동아시아 각국의 문화를 국경의 경계를 넘어서 자신의 욕망에 따라 끌어가는 일이 더욱 빈번해질 것이고, 그런 가운데 각국의 문화는 더욱 뒤섞이게 될 동아시아 미래의 문화 지형도에서 한류는 동아시아 문화의 모델을 다양화하고, 서로 뒤섞이는 데 중요한 계기를 제공한 셈이다.

한국 현대 경제사의 이해와 미래를 위한 반성

조장옥
경제학부

들어가며

우리나라는 지난 40여 년간 세계사에서 그 유례가 많지 않은 고속 성장을 이루었으며 이를 두고 1995년 노벨 경제학상 수상자인 미국 시카고 대학의 석학 루카스(Robert E. Lucas, Jr.)[1]는 기적이라 부르고 있다. 그리고 루카스의 견해에 동의하는 학자와 경제인들은 오늘날 세계에 많다.

루카스에 따르면, 1960년 필리핀과 우리나라는 매우 유사한 생활 수준을 유지하고 있었다. 1인당 국민 소득은 두 나라에서 1975년 미국 달러화 가치로 나타냈을 때 연간 약 640달러 정도였으며 필리핀의 인구는 2천8백만 명 그리고 우리나라의 인구는 2천5백만 명이었다. 이들 인구 가운데 반 약간 넘는 사람들이 노동 연령에 속하였다. 1960년 필리핀의 인구 가운데 27%가 수도인 마닐라에 살고 있었으며 우리나라 인구의 28%가 서울에 거주하였다. 나아가 두 나라에서 1960년 초등학교 재학 연령에 속하는 대부분의 아이들은 학교에 다니고 있었으나, 중고등학교 연령에 속하는 아이들 가운데에서는 약 4분의 1만이 학교에 재학 중이었다. 1960년 우리나라 20대 초반 인구 가운데 5%만이 대학에 재학 중이었으나 필리핀에서는 13%가 대학에 다니고 있었다. 필리핀의 국민 총생산 가운데 26%는 농업 생산이었으며 공업 생산은 28%였다. 반면에 우리나라의 국민 총생산 가운데에서는 농업 생산이 37% 그리고 공업 생산이 20%였다. 1960년 필리핀의 상품 수출 가운데 96%가 농림 어업에 의한 1차 산품이었으며 나머지 4%만이 공산품이었다. 그리고 우리나라의 상품 수출 가운데 86%가 1차 산품이었으며 14%가 공산품으로 그 가운데 8%는 섬유 제

1 Lucas, Robert E., Jr., "Making a Miracle," *Econometrica* 61(1993), 251~272쪽.

품이었다.

1960년 이와 같이 유사한 경제 환경에서 출발한 우리나라와 필리핀은 그 이후 매우 상이한 경제 발전 경로를 밟게 된다. 1960년부터 1988년까지 필리핀의 1인당 국민 소득 평균 증가율은 연간 약 1.8%로 세계 모든 나라들의 전체 평균과 크게 다르지 않았다. 같은 기간 동안 우리나라의 1인당 국민 소득 평균 증가율은 6.2%로 매 11년마다 소득이 두 배로 증가하는 성장률이었다. 1993년 루카스가 논문을 발표할 당시 우리나라의 1인당 국민 소득은 멕시코, 포르투갈 및 유고슬라비아와 비슷한 수준으로 필리핀의 1인당 국민 소득의 3배 미국의 3분의 1에 달하였다. 이와 같은 우리 사회의 변화를 기적이라 부른다고 하여도 전혀 과장일 수 없다는 것이 루카스의 생각이다. 같은 기간에 같은 유형의 경제 발전이 타이완, 홍콩 그리고 싱가포르에서도 일어났으며 짧은 기간에 이들 나라의 인구의 합인 7천만 명에 가까운 사람들의 생활 수준이 그토록 빠르게 개선된 경우는 세계의 어느 곳에서도 일어난 적이 없었다. 나아가 그와 같은 변화가 그칠 줄 모르고 이어지고 있다는 점에서 계속해서 기적이 진행되고 있다는 것이 1993년 상기 논문을 발표할 당시 석학 루카스의 생각이었다. 그렇다면 기적은 왜 우리나라에서는 일어나고 필리핀에서는 일어나지 않은 것일까?

지난 40년여에 걸친 우리의 경제적인 성취에 대한 갖가지 찬사에도 불구하고 위의 의문에 대한 해답을 찾는 것은 간단한 일이 아니다. 특히 우리의 경제적인 성취에 대한 이들 찬사가 결과에 대한 것이라면 지난 40여년 동안 우리 경제가 발전하는 과정에서 겪은 크고 작은 위기와 그 과정에서 우리의 여러 경제 주체들이 감내한 고통은 현실이었다. 특히 상기한 루카스의 논문이 발표되고 난 다음 4년 만인 1997년 말에 발생한 외환 위기는 그동안 우리 경제가 겪은 위기 가운데에서도 결정판이었으며 그 과정에서 겪은 크나큰 고통은 힘없는 노동자들에게만 한정된 것이 아니었다. 여기서 왜 그와 같은 큰 위기가 발생하였는가를 한마디로 단정하는 것은 불가능하다. 그러나 우리 경제가 빠르게 발전하는 과정에서 마땅히 가졌어야만 하는 의문, 즉 한 사회에서 경제 발전이라는 것이 무엇이며 무엇을 위한 것인가에 대한 균형 있는 인식을 가지지 못하였던 것에 대한 가혹한 형벌이었음은 분명하다. 지금 우리가 1997년의 외환 위기를 극복하였다고는 하나 그 후유증은 아직 우리 경제의 여러 곳에 남아 있다. 경제 성장률은 하향 안정화되어 있고 청년 실업과 소득 분배의 악화 그리고 지역 불균형과 같은 양극화의 심화는 일상사가 되었다. 노사 갈등은 심화하고 집단이기주의는 그것이 마치 민주주의의 표상인 양 거리를 활보하고 있다. 그러나 이들 모두보다도 더 심각한 문제는 위기의식의 결여이며 우리가 지금까지 경제적으로 이룬 것을 미래에 우리 후손에게까지 물려줄 수 있기 위해서는 지금부터 우리가 어떤 선택을 하여야 하는가에 대한 고민의 부족에 있다고 할 수 있다.

이와 같은 인식 아래 이 글에서 우리는 먼저 한국의 경제가 어떤 길을 걸어왔기에 기적이라고 하는지 한국 현대 경제사의 자료 가운데 몇 가지 대표적인 지표를 통해 알아보고자 한다. 그리고 이를 바탕으로 이 나라의 미래를 위해 우리는 지금 어떤 반성을 하여야 하며, 우리 경제에 대한 어떤 인식이 중요한가에 대하여 생각해보기로 한다.

한국 현대 경제사의 이해

우리의 현대 경제사를 한국전쟁 이후 현재까지로 정의할 때 가장 눈에

띄는 지표는 국민 소득이다. 우리나라의 1인당 연간 국민 소득은 1953년 미화 67달러에 불과하였다. 이를 그사이 약 213배 상승한 소비자 물가를 감안하여 2004년 가치로 환산하면 42만 6천 원으로 2004년 1인당 소득 1621만 원의 약 2.6% 곧 10일간의 소득에 해당한다. 이와 같이 성장한 1인당 국민 소득은 1963년 1백 달러, 1977년 1천 달러, 1995년 1만 달러를 돌파하였으며 2004년에는 1만 4162달러를 기록하였다.[2]

우리 경제가 본격적으로 성장하기 시작한 것은 1962년 시작된 경제 개발 5개년 계획을 성공적으로 실천하기 시작하면서부터라고 할 수 있다. 1962년 이후 우리의 국내 총생산은 큰 성장률로 증가하여 국내 총생산(GDP) 규모는 '표 1'에서 보는 바와 같이 2004년 6801억 달러를 기록하였다.[3] 이는 한국전쟁이 끝난 해인 1953년의 국내 총생산 13억 달러에 비해 약 520배로 증가한 것으로 이 기간 동안 우리 경제는 실질 소득으로 볼 때 연평균 6.9%로 성장한 셈이다. 이러한 2004년 우리의 경제 규모는 미국, 일본, 독일, 영국, 프랑스, 이탈리아, 중국, 스페인, 캐나다, 인도의 뒤를 이어 세계 11위를 기록하고 있다. 한편, 2004년 우리나라의 1인당 국민 소득은 앞에서 본 바와 같이 1만 4162 달러로 세계 30위이다.

우리 경제의 성장에는 그동안 몇 차례의 큰 굴곡이 있었다. 1954년 이후 우리나라의 실질 GDP 성장률이 '그림 1'에 나타나 있다. '그림 1'에서 점선은 평균적인 경제 성장률을 나타내는데 1950년대 초반 이후 2004년까지 마치 낙타 등과 같은 모양을 나타내고 있다. 평균적인 경향으로 볼

2 한국은행, 『숫자로 보는 광복 60년』(2005)

3 국민 총생산(GNP)은 해외와 국내의 거주지를 불문하고 우리 국민이 생산한 산출물의 총량을 나타내고 국내 총생산(GDP)은 우리 국민과 외국인의 산출량을 구분함 없이 우리 국토 안에서 생산된 산출물의 총량을 나타낸다.

때 우리나라의 GDP 성장률은 1954년부터 1970년까지는 꾸준히 증가하는 추세를 보였다. 그리고 1971년 이후 1980년까지는 대체로 매우 높은 수준을 유지하였다. 그러나 대통령 시해 사건이 있은 다음 해인 1980년에 우리 경제는 부(negative)의 성장을 한 다음 다시 성장 동력을 회복하여 1990년까지 다시 성장률이 증가하는 추세를 보였다. 그러나 1990년 이후 우리 경제의 성장률은 감소하는 추세에 있다. 특히 1997년 말에 일어난 외환위기는 1998년 우리 경제의 성장률을 −6.8%까지 떨어뜨렸으며 그 이후 우리 경제는 1999년과 2000년 일시적으로 9.5%와 8.5%의 높은 성장률을 기록한 이외에 최근에는 5% 이하의 저조한 성장률을 보이고 있다.

표 1 명목 GDP

연 도	1953	1960	1970	1980	1990	2000	2004
명목GDP(억 달러)	13	120	181	638	2,637	5,164	6,801

자료:한국은행

그림 1 실질 GDP 성장률

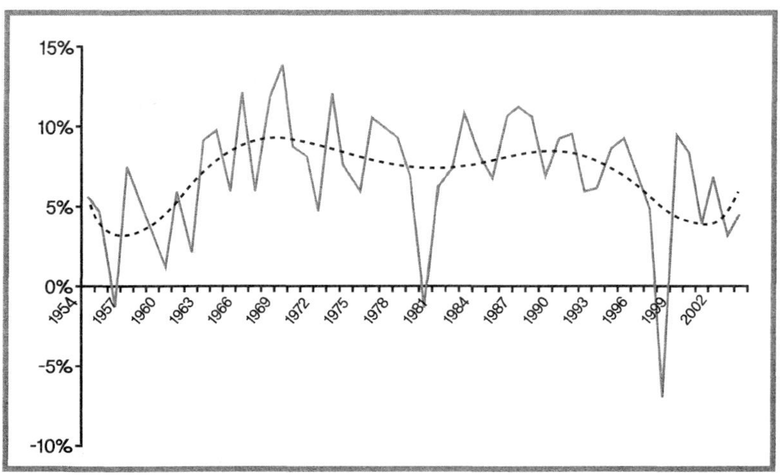

자료:한국은행

이와 같은 우리의 경제 성장은 각 단계마다 서로 다른 목표 아래 추구되어왔다.[4] 즉, 1953년 이후 1960년까지는 전후 복구 및 혼란 수습기였다. 이 시기에는 전쟁의 후유증과 정치적인 후진성 그리고 자원 부족으로 곤란을 겪은 시기였다. 이 기간 동안의 주된 산업은 1차 산업으로 농업이 주류를 이루었으며 일제의 식민 지배와 전쟁의 결과 농업 이외의 산업이 존재하지 않았다고 하여도 과언이 아니다. 1953년 우리나라의 산업은 47.3%가 농업을 중심으로 한 1차 산업이었으며 40%가 서비스 산업이고 광공업을 중심으로 한 2차 산업은 12.7%에 불과하였다.

1960년대는 공업화 기반 조성기로 주로 농업 생산에 의지하던 우리 경제를 공업화하기 위하여 자본 축적에 온 힘을 기울이던 시기였다. 이를 위해 이 시기부터 수출 주도형 경제 발전 전략을 강력하게 추진하기 시작하였다. 그리고 1970년대는 중화학 공업 육성기였다. 원유와 원자재를 전량 수입에 의존하고 있는 우리 경제에 이 시기에 나타난 두 차례의 유가 파동과 자원민족주의는 커다란 위협이었다. 그러나 우리 경제는 그와 같은 역경을 딛고 그때까지 주력산업이었던 경공업을 중화학공업으로 전환하기 위하여 막대한 투자와 함께 정부의 정책적인 지원이 이루어졌다.

1980년대는 경제안정기반구축기였으며 우리 경제에 있어 매우 중요한 변화들이 일어난 시기이다. 첫째, 1970년대는 유가 파동 등의 영향으로 인플레이션이 매우 높았을 뿐만 아니라 변동도 심한 시기였으나 1980년대에는 인플레이션이 10% 아래로 유지되고 그 변동도 감소하였다. 둘째, 80년대는 우리 경제의 대외 의존도가 감소하기 시작한 시기이다.[5] 우리의 대외 의존도는 1960년 16.8%이던 것이 1970년 40% 그리고 1981년에는

4 전게서 참조.

83.9%에 이르렀다. 그러나 그 이후 1980년대에는 계속하여 대외 의존도가 하락하여 1990년에는 59.3%까지 하락하였다. 셋째, 1980년대는 우리 경제가 처음으로 의미 있는 경상 수지 흑자를 기록한 시기이다. 즉, 1980년대 중반까지 우리 경제는 수입이 수출을 초과하여 무역 수지 나아가 경상 수지의 적자를 경험하고 있었다.[6] 경상 수지의 적자는 1974년 GNP의 10%를 초과하기도 하였으며 1980년에는 GNP의 8.3%에 달하였다. 그러나 1980년대 경상 수지는 꾸준히 개선되어 1986년에 흑자를 기록하기 시작하였다. 그리고 1987년에는 GNP의 8.2%, 1988년에는 GNP의 8.7%에 달하는 큰 폭의 흑자를 기록하였다. 넷째, 우리 경제의 산업 구조가 1980년대에 완전히 중화학 공업 중심으로 바뀌었다. 다섯째, 우리나라의 실업률은 1988년 2.5%로 처음 3% 아래로 떨어졌다. 그리고 3% 이하의 실업률은 1997년 12월 외환 위기 이전까지 지속되었다.

1990년대 1997년 12월 외환 위기 전까지는 개방과 자유화의 시기였다. 이 시기에 금융 산업의 자유화가 이루어지고 대외 거래에 있어서의 규제가 철폐되기 시작하였다. 특히 은행 등 금융 기관의 대출 이자율에 가해진 여러 가지 규제가 완전히 철폐되었으며 특정 부문에 대한 대출 규제도 폐지되었다. 그리고 외국인의 국내 금융 투자도 광범위하게 허락되었다.

1998년 이후 우리 경제는 구조 조정기에 있다. 1997년 12월 외환 위기는 우리 경제의 체질을 완전히 바꾼, 경제적으로 본다면 한국전쟁 이후 일어난 경제적인 사건 가운데 가장 충격이 큰 사건이었다. 그러나 외환 위기

5 대외 의존도는 수출액과 수입액의 합을 국민 총생산으로 나눈 값이다.

6 경상 수지는 무역 수지, 소득 수지, 이전 수지의 합으로 구한다. 무역 수지는 수출에서 수입을 빼서 구하고, 소득 수지는 우리나라 국민이 외국에서 벌어들인 소득에서 외국인이 국내에서 얻은 소득을 뺀 값이다. 그리고 이전 수지는 외국이 대가 없이 우리나라에 이전한 소득에서 우리나라가 외국에 대가 없이 지급한 소득을 뺀 값이다.

는 환율과 해외 투자의 관리 소홀 때문에 발생한 것으로, 외환 위기 당시 많은 학자들은 우리 경제가 그와 같은 위기를 겪어야 할 만큼 기초 여건이 나쁘지 않다고 주장하였다. 그와 같은 주장이 옳았다는 것은 1999년 이후 우리 경제가 외환 위기를 겪은 다른 어느 나라에서도 찾아볼 수 없을 만큼 빠르게 회복하였음을 보면 쉽게 이해할 수 있다. 외환 위기를 겪으면서 많은 부실 기업과 금융 회사들이 정리되었으며 기업의 회생을 위하여 많은 노동자들이 해고되었다. 10% 이상을 유지하던 금리는 5%대로 급격히 하락하였고 1998년 7%까지 치솟았던 실업률은 그 이후 하락하였으나 외환 위기 이전보다는 높은 수준인 3% 이상으로 높게 유지되고 있다. 그리고 실질 GDP 성장률은 2003년 이후 5% 아래에 머물고 있으며 지금은 1990년대 일본이 경험한 바와 같은 장기 불황을 우려하는 사람들이 나타나고 있다.

경제 성장은 필연적으로 산업 구조의 변화를 수반한다. 경제 개발 초기에는 보통 자본이 부족하기 때문에 노동 집약적인 산업구조를 선택할 수밖에 없으며 소득이 증가하고 그에 따라 저축과 투자가 증가하면 산업 구조는 점차 자본 집약적으로 변한다. 한국전쟁 이후 경제 개발 과정에서 우리나라도 이와 같은 산업 구조의 빠르면서도 단계적인 변화를 겪어왔다.

그림 2 우리나라 산업의 총생산 구성 비율

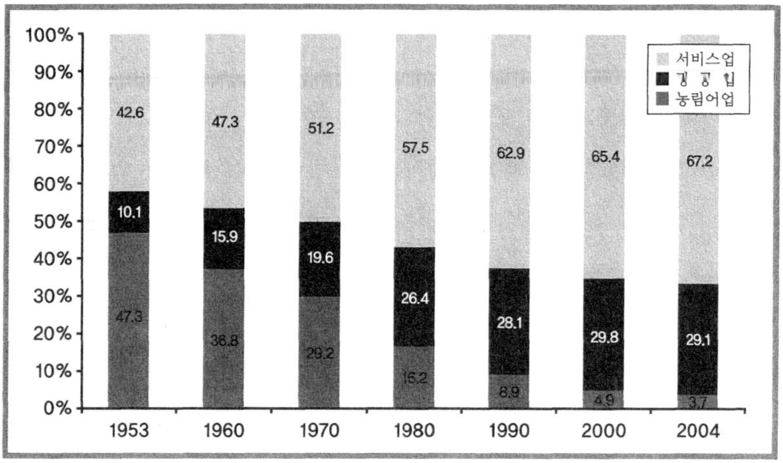

자료: 한국은행

우리나라 산업 구조의 구성비가 '그림 2'에 나타나 있다. 이에 따르면 1953년 우리 경제의 주력 산업은 농림어업으로 총생산의 47.3%를 차지하였다. 그리고 다음으로 서비스업이 42.6%를 생산하고 광공업 생산은 우리 경제의 총생산의 10.1%에 불과하였다. 그러나 총생산에서 차지하는 농림어업의 비중은 지속적으로 하락하여 2004년에는 3.7%에 지나지 않으나 광공업의 비중은 계속해서 증가하여 1988년에 31.7%로 최고치를 기록한 다음 다소 감소하여 2004년에는 29.1%를 기록하고 있다. 서비스업의 비중은 전 기간에 걸쳐 계속 상승하였다. 특히 1980년대부터는 정보화 등에 힘입어 그 비중이 빠르게 증가하여 2004년에는 총생산의 67.2%를 차지하고 있다.

한편, 우리나라 취업 구조의 변화는 산업 구조의 변화 추이를 그대로 반영하고 있으나 구체적인 구성비에 있어서는 산업 구조의 구성비와 상당한 차이를 보이고 있다. '그림 3'에 나타나 있는 산업별 취업자 구성비를 보면 농림어업 종사자의 비중은 1963년 63.4%이던 것이 계속 하락하여 2004년에는 8.1%에 이르렀다. 한편, 광공업 종사자의 비중은 1963년 8.7%에 불과하던 것이 그 이후 계속 증가하여 1988년에 28.5%로 정점을 이룬 다음 감소하여 2004년에는 19.1%를 나타내고 있다. '그림 3'에 나타나 있는 기간 동안에 가장 큰 변화를 보인 것은 서비스업 종사자의 비중이다. 즉, 1963년에 전체 취업자의 27.9%에 불과하던 서비스업 종사자의 비중은 2004년 72.9%를 기록하고 있다. 이와 같은 우리나라 산업의 서비스업화는 아직도 진행 중에 있다.

그림 3 산업별 취업자 구성비

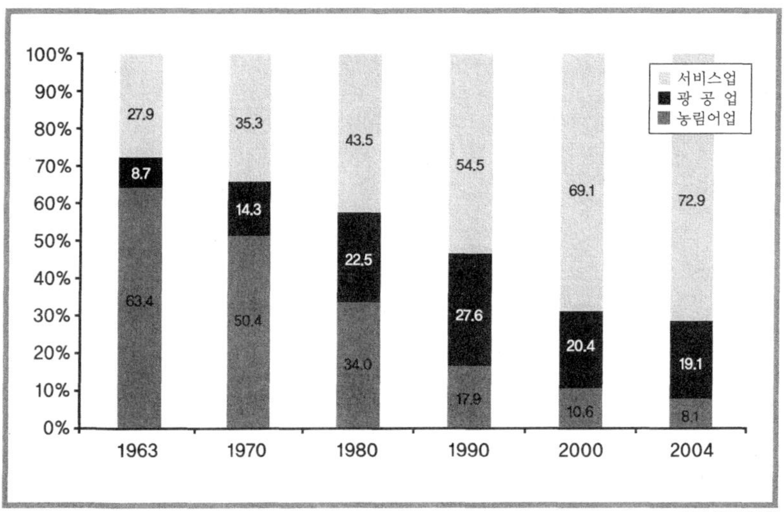

자료: 한국은행

노동생 산성은 노동과 결합되어 생산 활동에 이용되는 기계와 설비 곧 자본의 양과 질에 영향을 받는다. 그리고 자본과 결합되지 않은 노동의 생산성은 낮을 수밖에 없다. 따라서 우리나라의 경제 개발 초기인 1960년대에 자본의 축적은 무엇보다도 중요한 과제였다. 그러나 당시에 우리나라는 기계와 설비를 생산할 수 있을 만큼의 기술을 보유하고 있지 못하였기 때문에 외국에서 이것들을 수입할 수밖에 없었으며 자본재 수입을 위한 외화 획득이 당시의 지상 과제로 이를 위한 수출 증대는 당시의 가장 큰 구호였다. 이 시기 수출 증대를 위한 대외 개방 정책의 결과 '그림 4'에서 보는 바와 같이 우리나라의 수출과 수입의 GNP 대비 비율은 1970년까지 꾸준히 상승하였다. 수출과 수입의 GNP 대비 비율을 합한 값으로 정의되는 대외 의존도는 1953년에 13.0%에 불과하던 것이 1960년에 16.8% 그리고 1970년에는 40.0%로 상승하였다. 1970년대에 우리의 대외 의존도는 급격하게 상승하여 1981년에는 83.9%로 1970년의 두 배 이상에 나타나기에 이르렀다. 그리고 1981년을 정점으로 우리나라의 대외 의존도는 1993년 54.4%까지 감소하였으나 그 이후 특히 외환위기 이후 급격히 증가하여 2004년 현재 86.3%에 이르고 있다.

그림 4 우리나라의 수출입 비중

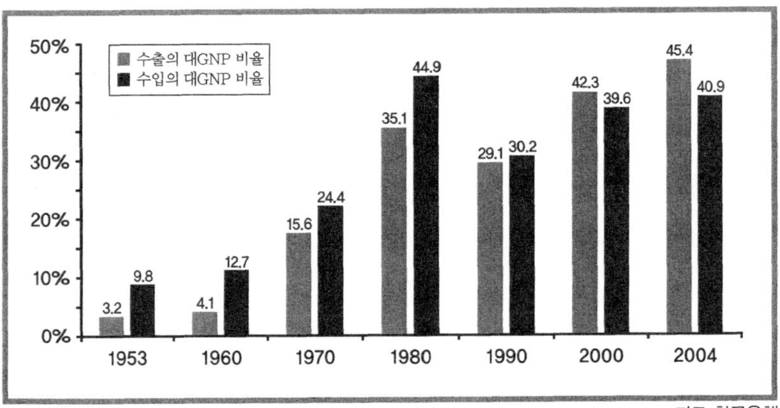

자료: 한국은행

그림 5 우리나라의 산업별 수출 구조

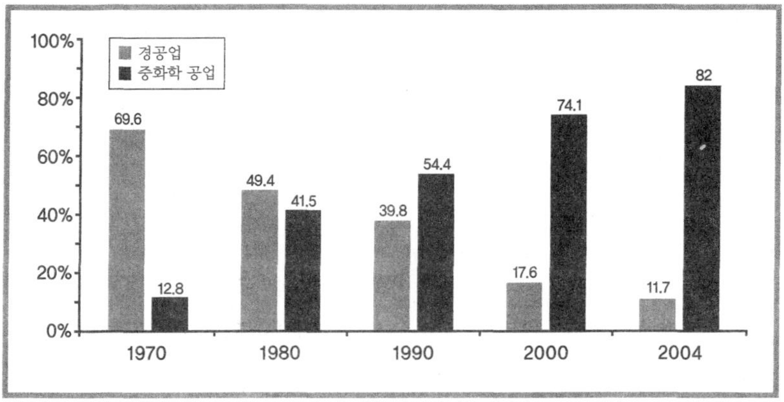

자료: 한국은행

이와 같이 우리나라의 경제 성장은 수출을 통한 해외 시장 진출을 바탕으로 시작되었으며 현재도 그와 같은 사정은 크게 다르지 않다. 그리고 우리나라의 경제 발전은 주요 수출 산업과 수출 상품 그리고 교역 상대국의 비중과 같은 수출 구조의 변화에 그대로 반영되어 있다. 먼저 '그림 5'에서 보듯이 1970년 수출의 69.6%가 경공업 제품이고 12.8%가 중화학 공업 제품이었다. 그러나 이와 같은 수출 구조는 경공업 제품의 비중이 하락하고 중공업 제품의 비중이 증가하는 방향으로 꾸준히 변화하여 2004년에는 수출의 82%가 중화학 제품이고 11.7%가 경공업 제품이었다. 즉, 30여 년 만에 수출 구조의 완전한 변환이 일어난 것이다.

그림 6 수출 품목의 구성비

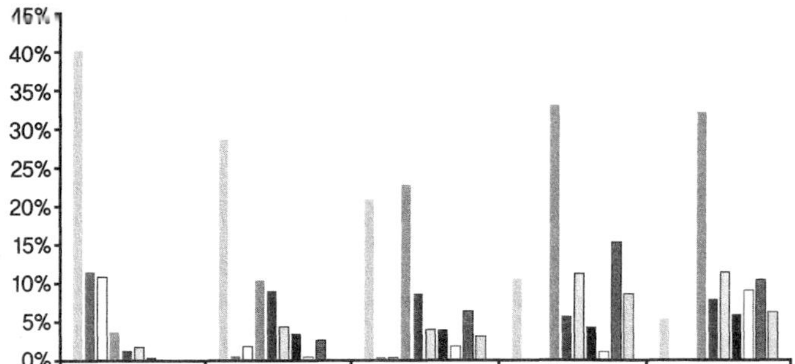

	1970	1980	1990	2000	2004
섬유류	40.8	18.6	21.6	10.3	5.6
가발과 눈썹	12.2	0.3	0.2	0.0	0.0
합판	11.0	2.0	0.1	0.0	0.0
전기·전자 제품	3.4	11.4	23.1	36.0	34.6
철강 제품	1.6	9.4	8.3	6.6	7.3
석유 화학 제품	2.0	4.6	4.3	12.5	12.2
선박	0.3	3.5	4.3	4.8	6.0
승용차	0.0	0.3	2.0	0.6	9.7
반도체	0.0	3.0	7.0	15.1	10.4
컴퓨터	0.0	0.0	3.9	8.4	6.5

자료:한국은행

우리의 경제 발전을 보다 상징적으로 볼 수 있는 것이 수출 상품과 그 구성비의 변화이다. 앞에서 본 바와 같이 1970년 우리의 수출 품목의 대종은 경공업 제품이었다. 1970년 우리나라의 수출에서 섬유류, 가발과 눈썹, 합판과 같은 경공업 제품이 차지하는 비중은 '그림 6'에서 보는 바와 같이 64%에 달하였다. 그러나 1970년에 시행된 중화학 공업 육성 정책의 결과 1980년에는 수출의 41.5%가 전기 및 전자, 철강, 석유 화학, 선박 및 반도체와 같은 중화학 공업 제품으로 바뀌었고 경공업 제품의 비중은 49.4%로 하락하였다. 1970년대는 유가 파동과 같은 외적인 역경이 있었고 정치적으로도 불안한 정세였음에도 불구하고 우리 경제의 성장과 구조 변화는 괄목할 만하였다 할 수 있다. 이와 같은 구출 구조는 1980년대 이후에도 꾸준히 변화하여 2004년에는 수출의 86.7%가 전기 및 전자, 철강, 석유 화학, 선박, 승용차, 반도체 그리고 컴퓨터 제품이다.

그림 7 주요 수출국에 대한 수출 비중

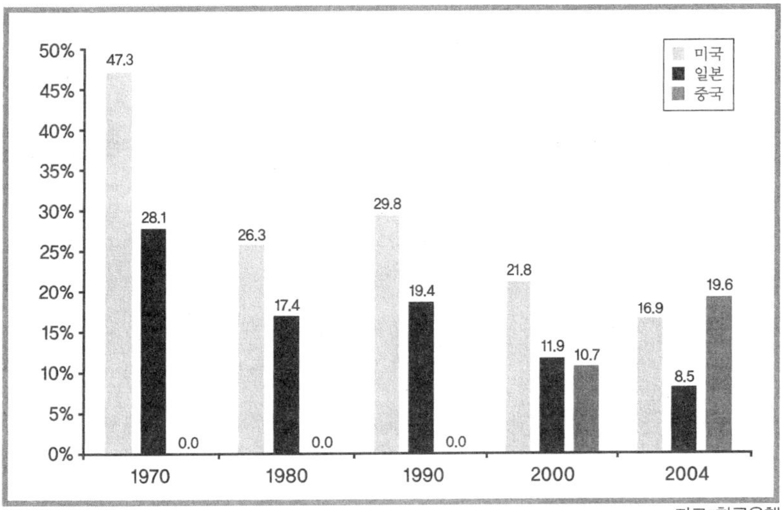

자료: 한국은행

우리나라의 무역은 '그림 7'에서 보는 바와 같이 그 상대국의 비중에 있어서도 많은 변화가 있었다. 특히 중국과의 수교가 이루어진 이후 1990년대에는 중국이 중요한 교역 상대국으로 등장하였다. 1970년 우리 수출의 47.3%가 미국 그리고 28.1%가 일본으로의 수출이었다. 같은 해 이들 두 나라로의 수출은 우리나라 전체 수출의 75.4%에 이르렀다. 그러나 1970년 이후 이와 같은 수출 상대국의 집중도는 점차 하락하였으며 1990년부터는 수출에서 차지하는 중국의 비중이 증가하여 2004년에는 중국으로의 수출이 19.6%로 미국이나 일본으로의 수출을 능가하고 있다.

그림 8 노동 시장 참가율

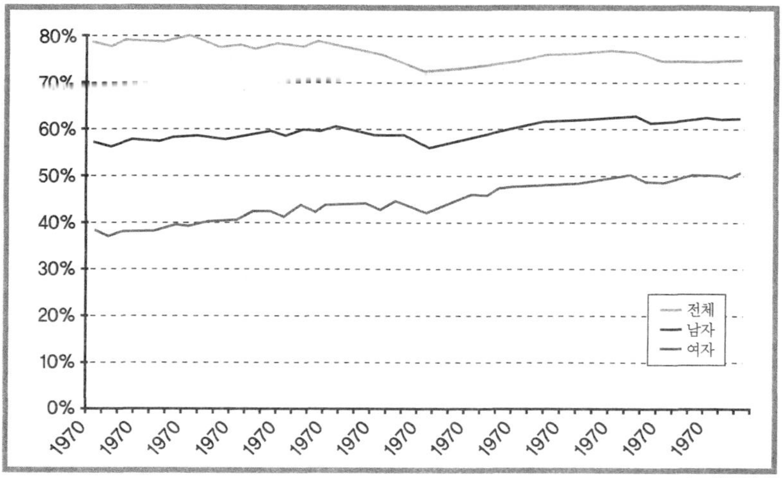

자료: 한국은행

이와 같이 빠른 우리의 경제 발전은 노동 시장에도 많은 변화를 가져왔다. 그 가운데 여기서 언급하고자 하는 두 가지 중요한 변화는 여성 인력의 시장 참여와 노동 소득 분배율의 증가이다. 우리나라의 경제 활동 참가율은 전체적으로 볼 때 '그림 8'에서 보는 바와 같이 1963년 56.6%이던 것이 1990년 처음으로 60%를 초과한 다음 2004년 62.0%를 기록하였다. 이와 같이 경제 활동 인구가 증가한 것은 여성의 노동 시장 참여가 증가하였기 때문인데 '그림 8' 에 따르면 1963년 37%에 불과하던 여성의 경제 활동 참가율은 1973년에 41.5%로 처음 40%를 돌파한 이후 꾸준히 증가하여 2004년에는 49.8%로 50%에 근접하고 있다. 즉, 지난 37년 동안 여성의 경제 활동 참가율은 12.8%포인트나 증가하였다. 이와 같이 여성의 경제 활동 참가율이 증가한 것과는 대조적으로 남성의 경제 활동 참가율은 같은 기간 동안 감소하였다. 1963년 우리나라 남성의 경제 활동 참가율은 78.4%이었으나 계속 하락하여 1984년에는 72.1%에 이르렀다. 그러나 그 이후 남성의 경제 활동 참가율은 다시 상승하여 2004년에는 74.8%를 나타내고 있다. 즉, 지난 37년 동안 우리나라 남성의 경제 활동 참가율은 3.6% 포인트 감소하였다.

우리나라의 노동 소득 분배율이 '그림 9'에 나타나 있다. 이때 노동 소득 분배율은 총산출량 가운데 노동에 임금으로 지급된 소득의 비율인데 '그림 9' 에서 보는 바와 같이 외환 위기 전까지는 꾸준히 증가하는 추세에 있었다. 즉, 1971년 우리나라의 노동 소득 분배율은 국내 총생산의 41.1%였다. 이는 선진국 수준인 65% 정도에 비하면 매우 낮은 수준이었다. 이와 같은 노동 소득 분배율은 1974년 38.8까지 하락한 이후 꾸준히 증가하여 1996년에는 63.4%로 선진국 수준에 근접한 최고 수준을 기록하였다. 다시 말해 경제 발전의 과실을 자본가뿐만 아니라 노동자들도 향유하게 된 것이었다. 그러나 외환 위기를 겪으면서 노동 소득 분배율은 감소하여 2004년에는 58.8%로 선진국 수준에 크게 밑돌고 있으나 앞으로 개선될 것으로 기대된다.

그림 9 노동 소득 분배율

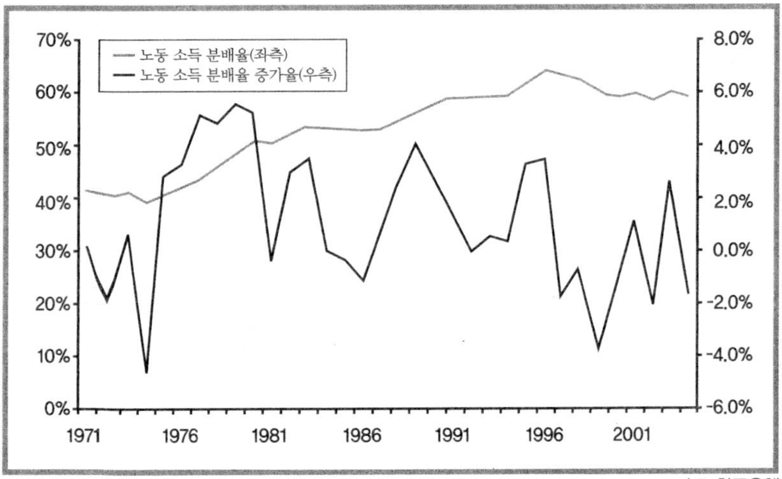

자료: 한국은행

한편, 노동 소득 분배율이 가장 빨리 증가한 기간은 1974년부터 1980년까지로 이 기간 6년 동안 38.8%에서 50.4%로 무려 11.6%포인트나 증가하였다. 그런데 이 기간은 정치적으로 유신독재의 시기로 노동의 착취가 심한 시기로 알려져 있으나 노동 소득 분배율을 보면 크게 개선된 기간으로 나타나고 있다. 따라서 당시의 지배층이 정치적으로 극심한 독재를 행사하고 있었지만 그와 같은 독재가 노동자들의 일방적인 희생만을 강요한 것은 아니었으며 소득 분배에 대해서 어느 정도의 성과를 거두고 있었음을 알 수 있다. 다음으로 노동 소득 분배율이 크게 개선된 기간은 우리나라의 민주화가 급속도로 진행된 1987년부터 1991년 사이이다. 즉, 1997년 53.0%이던 노동 소득 분배율은 1991년 58.8%로 4년간 5.8%포인트나 증가하였다. 이 기간 동안에는 민주화와 함께 노동 운동이 매우 활발하게 일어난 시기이다. 따라서 이 기간 동안 노동 소득 분배율이 증가한 것은 그와 같은 노동 운동의 결과라고 이해할 수 있다. 세 번째로 노동 소득 분배율이 크게 증가한 기간은 1992년부터 외환 위기가 발생하기 바로 전인 1996년까지로, 이 기간 동안 노동 소득 분배율은 다시 58.8%에서 63.4%로 4.6% 증가하였다.

미래를 위한 반성

지금까지 우리는 주마간산식으로 우리 경제의 현대사를 간략하게 정리해 보았다. 이를 몇 가지로 정리해 보면 다음과 같다. 첫째, 우리 경제는 지난 40여 년 동안 과거 유례를 찾아볼 수 없이 빠른 성장을 이룩하였다. 그러나 그와 같은 성장 과정에서 고통스러운 경험도 많았다. 둘째, 우리 경제는 지난 40여 년 동안 전혀 다른 모습으로 탈바꿈하였다. 그와 같은 구조 변화는 산업의 구성과 산업별 취업자의 구성, 대외 부문 및 노동 시장 모두에서 나타났다. 셋째, 우리의 경제 발전은 외국과의 무역을 통하여 이룰 수 있었다. 외국과의 무역을 통해 1960년대 거의 전무하던 산업 자본을 축적할 수 있었으며 자본의 축적을 통해 노동 생산성의 증대와 경제 발전을 이룰 수 있었다. 넷째, 노동 소득 분배율은 외환 위기 이전까지 꾸준히 개선되어 선진국 수준에 근접하고 있었으며 이는 경제 발전의 과실이 한쪽에 과도하게 치우침이 없었음을 보여준다. 외환 위기 이후 노동 소득 분배율이 크게 악화하였으며 이는 우리 경제의 중요한 과제로 남아 있다.

그렇다면 이와 같은 경제 발전의 경험으로부터 우리는 스스로 어떤 교훈을 얻을 수 있을까? 이에 대하여 알아보기 위해 이제 다시 앞에서 언급한 루카스의 논문으로 되돌아가보자. 루카스에 따르면 동아시아의 네 마리 용으로 불리는 한국, 타이완, 홍콩 그리고 싱가포르에서는 다음과 같이 공통되는 몇 가지 사실들을 관찰할 수 있다고 한다. 먼저 이들 나라는 공업 제품을 대규모로 수출하는 경제로 발전하였으며 수출하는 제품들은 높은 기술적 완성도를 요구하는 것들이다. 이들 나라들에 있어서 도시화가 크게 진행되어 있으며 국민들의 교육 정도가 매우 높다. 이들 나라에서는 저축률 또한 매우 높다. 그리고 어떤 나라의 정부는 자유방임주의적이고 다른 나라의 정부는 다분히 중상주의적이지만 이들 나라의 정부는 모두 기업 활동에 우호적이다.

물론 우리는 수출을 통한 대외 개방과 도시화 그리고 교육을 통한 인적 자본의 축적과 정부의 역할이 경제 발전에 무엇보다 중요하다는 것을 경험을 통해 직관적으로 알고 있다. 그러나 루카스가 그의 논문과 또 다른 그의 저서[7]에서 말하고 싶은 바의 요체는 이들 경제 발전의 현상에 대한 거창한 이론이 아니다. 루카스는 그의 저서에서 그의 이웃에 새로 이민 온 한국인 세탁소 여주인의 경우를 이야기하고 있다.[8] 그 한국인 여성은 당시 미국에 이민 온 지 얼마 되지 않은 사람으로, 세탁소 영업을 겨우 할 수 있을 정도의 영어를 구사하고 있었다. 그녀의 세탁소는 아침 7시에 문을 열고 저녁 7시에 문을 닫으며 일주일에 6일 동안 영업을 하고 있었다. 그러나 이보다 루카스가 주목하는 것은 그가 이 세탁소에 세탁물을 맡기러 들어설 때마다 그녀의 세 살 된 딸이 계산대에 앉아서 산수를 공부하고 있는 광경이었다. 그에 따르면 세탁소 주인의 딸은 산수를 잘하였을 뿐만 아니라 재미있어하고 있음에 틀림없었다. 15년 뒤에 그 여자 아이는 아마도 시카고 대학이나 캘리포니아 공대와 같은 유수한 대학에서 교수의 자제들 그리고 메이플라워호를 타고 미국에 건너와 미국의 상류층을 형성하고 있는 사람들의 자제들과 함께 대학 생활을 시작할 것이라고 루카스는 믿고 있다.

그런데 이때 중요한 것은 이 소녀가 자라서 공부하고 공헌하게 될 수학이나 과학이 그녀 자신이나 그녀의 가족에 의하여 창조된 것이 아니라는 사실이다. 그럼에도 불구하고 이들 학문은 적절하게 준비한 사람이면 모두 배울 수 있는 공공재의 성격을 갖는 지식들로 시카고 근교의 한국인 소녀에게도 개방되어 있다는 것은 하나의 행운이다. 그리고 이와 같이 보편적인 접근성이 보장된 지식이 존재하지 않는다면 우리의 소녀와 그 가족의 노력은 결국 수포로 돌아가고 말 것이다. 그러나 이와 같은 지식의 존

---

7 Lucas, Robert E., Jr., *Lectures on Economic Growth*, 2002, Harvard University Press:Cambridge, MA.

8 전게서, 17쪽.

재와 한 소녀와 그 가족의 노력만으로 한 나라의 경제 발전을 담보할 수는 없다. 지식의 성장이 한 나라의 경제 발전을 가져오기 위해서는 그 사회에 있어 일부가 아닌 대부분의 가족에게 그와 같은 지식의 성장이 인적 자본 투자에 대한 수익을 증대시킨다는 믿음을 줄 수 있어야만 한다. 다시 말해 한 사회에 있어 경제적인 성장이 일어나기 위해서는 일부가 아닌 다수의 사람들이 그들 자신이나 자손들을 위해 꿈꿔온 생활의 변화가 일어날 것이라는 확신을 가질 수 있어야만 한다. 그리고 그와 같은 미래에 대한 새로운 비전(vision)만이 사람들의 행위와 그들이 자녀들에게 거는 희망과 그에 따른 투자를 변화시킬 수 있다.

결국 루카스가 말하고 싶은 바는, 경제 발전은 한 사회의 일부 구성원의 비전에 의하여 이루어지는 것이 아니라 다수가 참여할 때 가능하다는 것이다. 기적이라고 말하는 우리의 경제 발전도 이와 같은 경우에서 벗어나 있지 않다. 지난 40여 년 동안 우리의 경제 발전을 돌이켜보면 다수의 비전에 참여하는 사람들의 표상은 많다. 1960년대 대학을 졸업하고 서독에 외화벌이에 나섰던 광부와 간호사들, 미국 달러로 주어지는 보다 나은 급여를 위해 포탄 떨어지는 월남의 전장으로 자원해서 나아간 수많은 군인들, 그리고 중동의 뜨거운 태양 아래에서 고속도로를 건설하던 노동자들은 다수의 비전에 동참한 사람들이다. 다소 비하하는 의미에서 '공돌이'와 '공순이'로 불리던 공단의 근로자들 또한 다수의 비전에 동참한 사람들로 우리 경제 발전의 초석이었으며 '그림 6'에서 보는 바와 같이 머리를 잘라 가발과 눈썹을 만들어 수출한 우리의 어머니와 누이들의 비전은 숭고하기까지 하다. 그리고 역경 속에서도 우리들을 교육시킨 부모들을 어찌 다수의 비전에 동참한 사람들에서 제외할 수 있겠는가?

이와 같이 다수의 비전에 참여한 과거의 표상들에 비추어 상고해볼 때 지금 이 나라에 있어 미래 우리의 경제적인 운명에 대한 비전은 무엇인가? 이에 대하여 하나의 화두가 있다면 선진국 진입이고, 다른 하나의 화두가 있다면 균형 발전일 것이다. 그러나 현재 우리 사회에서 그와 같은 비전에 대하여 토론하기에는 너무나 많은 이념과 갈등으로 가득 차 있으며 심지어 많은 경우에는 소수가 다수를 이념과 분파적 이기주의로 압박하고 있다. 우리는 지금 우리의 역사에서 처음 달성한 것이라 하여도 과언이 아닌 민주주의에 취해 미래를 위한 비전을 만들어내는 데 실패하고 있는지도 모른다.

이런 때일수록 우리가 우리의 미래에 관한 다수의 비전을 형성할 수 있기 위해서는 몇 가지의 원칙이 필요하다. 먼저 우리에게 있어 경제 성장의 유용성과 당위성을 부정하는 일이 있어서는 아니 된다. 경제 성장은 지금 우리가 직면하고 있는 많은 경제와 사회 문제들을 해결할 수 있도록 한다. 예를 들어 청년 실업이나 과다한 가계 부채와 같은 문제는 성장 없이는 해결할 수 없는 문제들이다. 그리고 빈곤층의 문제를 해결하기 위해서도 경제 성장은 무엇보다 중요하다. 이와 무관하지 않은 주제로 개방화의 문제가 있다. 우리는 개방화를 두려워하여서는 아니 된다. 개방화의 단기적인 효과가 부정적일 수 있다. 그러나 우리의 역사와 세계의 역사를 통틀어 고립주의를 통해 번영한 나라는 없다. 개방화는 장기적으로 지금의 어떤 정책보다도 우리의 발전에 긴요한 요소임을 인식하여야만 한다.

마지막으로, 분배는 기회의 평등을 통해 이루어져야 하며 과다한 양적인 평등을 추구하여서는 아니 된다. 지금 고소득층의 소득을 세금으로 징수하여 저소득층에 배분하는 정책은 어느 한계까지만 가능하다. 그리고 그 한계를 넘으면 열심히 일하려는 유인이 말살되기 때문에 경제성장이 멈춤과 동시에 모든 사람이 평등하게 못사는 마오쩌둥(毛擇東)식 평등으로 전락하게 된다. 기회의 평등은 교육과 직업 및 거주 지역의 선택에 있어서 공평한 기회가 주어지는 것을 의미하며 노력과 능력에 따라서는 소득 계층의 사다리를 원하는 만큼 올라갈 수 있음을 의미한다. 이러한 소득 계층 사이의 이동성을 보장하는 것은 지금 경제적으로 불우한 사람들도 미래에 대한 희망을 가질 수 있도록 한다는 의미에서 중요하며, 실제로 실증 분석에 따르면 미국을 비롯한 선진국에 있어서는 그와 같은 이동성이 매우 높은 것으로 나타난다. 이때 간과하지 말아야 하는 것은 인간의 능력이 획일적일 수 없기 때문에 성장 과정에서 뒤처지는 사람들이 필연적으로 나타나게 되어 있다는 사실이다. 이들이 경제 발전의 과정에서 항구적으로 낙오하지 않도록 하는 사회 안전망을 마련하는 것은 다수가 공유하는 비전을 유지하는 데 중요하다.

공휴일 홍콩의 도심 여기저기에 위치한 공원에는 필리핀에서 온 젊은 여성들이 가득 모여 이야기도 나누고 노래도 하며 춤도 춘다. 이들 여성들이 왜 홍콩에 와 있는가 하는 의문을 접어놓고, 이들이 어울리는 모습을 보면 천진난만한 민족이라는 생각을 아니 할 수 없다. 춤도 잘 추고 노래도 잘하고 우리가 그토록 노력하여도 쉽지 않은 영어도 잘한다. 이들은 홍콩에 가정부로 일하러 온 여성들이다. 홍콩의 대부분 가정에서는 가장 한 사람의 급여로 생활하는 것이 쉽지 않기 때문에 맞벌이 부부가 많다. 따라서 집안일과 아이들을 돌보아줄 가정부가 필요한데 대부분이 필리핀에서 온 여성들이다. 이들 필리핀 여성들 가운데 다수는 대학을 졸업한 사람들이다. 홍콩의 법에는 이들 가정부들에게 일주일에 하루 휴가를 주게 되어 있는데 보통은 부부가 함께 쉬는 공휴일에 휴가를 받는다. 그리고 공원은 만남의 장소인 것이다.

지금 우리가 홍콩에서 일하는 이들 필리핀 가정부들을 식모살이한다고 비하하는 생각을 할 수 있으나 필리핀의 입장에서 보면 이들은 다수의 비전에 동참하고 있는 경제 발전의 초석들이다. 이들 필리핀 여성들은 그들의 임금을 절약하여 자식과 형제들을 교육시키고 자본 축적을 위해 외환을 본국에 송금하고 있다. 이들의 경우는 과거 우리의 선배들이 서독으로, 월남으로, 중동으로 외화벌이 간 것과 본질에 있어 차이가 없다. 그리고 그와 같은 다수의 비전에 힘입어 오늘날 필리핀은 때로는 우리보다 빠른 성장률을 나타내고 있다. 그럼에도 불구하고 한편으로는 역시 대학을 졸업한 고급 인력을 남의 나라 가정부로밖에 쓸 수 없는 것인가 하는 안타까움을 금할 수가 없다. 결국 오랫 동안 지속된 마르코스의 독재와 그에 따른 갈등이 다수의 비전을 말살시킨 결과 필리핀 내부의 기회가 고갈된 결과인 것이다. 독재자에게도 격이 있다는 생각을 하지 않을 수 없는 대목이다.

그렇다고 민주주의가 자동적으로 다수의 비전을 만들어낼 것이라고 기대하는 것은 망상에 가깝다. 민주주의란 결국 다양성으로 대표되는데, 다양성을 유지하면서 다수가 공유하는 비전을 형성하고 유지한다는 것은 독재의 경우보다 어려울 수 있다. 이와 같은 사정 때문에 경제학에서는 최선의 경제적 결과를 담보하는 존재로서 이타적인 독재자를 상정하기도 한다. 그러나 이는 어디까지나 공상이며 그런 독재자는 현실에 있어 존재할 수가 없다. 우리는 이제 이타적인 독재자를 우리의 꿈으로 대체하여야만 하는 것인지도 모르겠다. 그리고 그와 같은 꿈속에 우리 자신뿐만 아니라 우리 주위에 있는 사람들까지도 포함시킬 수 있을 때 다수의 비전을 위한 기초가 마련될 수 있지 않을까? 결국 우리의 경제적인 미래는 우리의 상상력과 꿈속에 얼마나 많은 우리의 이웃을 담을 수 있느냐에 따라 그 크기가 결정될 것이라는 생각을 해본다.

필자 소개

강정인 서강대 정치외교학과 교수. 정치사상 전공
주요 저서로 『세계화, 정보화 그리고 민주주의』(1998),
『민주주의의 의해』(1997), 『서구중심주의를 넘어서』(2004) 등이 있음.

김경수 서강대 국어국문학과 교수. 현대소설 전공
주요 저서로 『문학의 편견』(1995), 『현대소설의 유형』(1997),
『염상섭 장편소설 연구』(1999), 『공공의 상상력』(2005) 등이 있음.

김재영 서강대 종교학과 교수. 종교학이론 전공
주요 저서로 『죽음학의 이해 : 죽음과 영성』(2006),
역서로 『무너지기 쉬운 절대성』(2004), 『신화와 역사』(2003) 등이 있음.

박상기 서강대 영어영문학과 교수. 19C 영국문학 전공
주요 논문으로 「콘래드의 독특한 아프리카 재현」(2005),
「콘래드의 양가적 제국주의 비판」(2004),
「호미 바바의 포스트모더니즘 비판」(2000) 등이 있음.

서동욱 서강대 철학과 교수. 프랑스 철학 전공
주요 저서로 『칸트의 비판철학(개정판)』(2006), 『니체』(2005),
『프루스트와 기호들(개정판)』(2004) 등이 있음.

원용진 서강대 커뮤니케이션학부 교수. 방송 전공
주요 저서로 『대중문화의 패러다임』(1996), 『광고문화비평』(1997),
『텔레비전비평론(개정판)』(2007) 등이 있음.

이덕환 서강대 화학과 교수. 물리화학 전공

주요 역서로 『녹색화학』(2000), 『셜록 홈스의 과학 미스터리』(1999), 『생명우주 : 새로운 과학적 진화론』(2006) 등이 있음.

이욱연 서강대 중국문화학과 교수. 중국현대문학 전공

주요 논문으로 「노신의 소설 : 창작과 기억의 서사」, 「'광인일기' 해석의 몇 가지 문제」 등이 있음.

임상우 서강대 사학과 교수. 서양현대사 전공

주요 저서로 『막스베버 연구 : 역사와 정치』(2002), 논문으로 「20세기 사학사」(1999) 등이 있음.

정두희 서강대 사학과 교수. 한국사 전공

주요 저서로 『조선초기 정치지배세력 연구』(1983), 『조선시대의 대간 연구』(1989), 『조선시대 인물의 재발견』(1997) 등이 있음.

조장옥 서강대 경제학부 교수. 거시경제학 전공

주요 논문으로 「한국경제성장의 한계와 가능성」(2001), 「한국상장기업의 자본비용 추정과 국제비교」(1996), 「2개국 일반균형모형에서 본 환경오염과 투자의 후생 및 파급효과분석」(1994) 등이 있음.

현대 사회와 인문학적 상상력 현대인문세미나 1

초판 발행 | 2007년 5월 30일
4쇄 발행 | 2016년 2월 25일

편　　자 | 서강대학교 국제지역문화원
발 행 인 | 유기풍
편 집 인 | 우찬제
발 행 처 | 서강대학교 출판부
등록 번호 | 1978년 9월 28일 제313-2002-170호
디자인 디렉션 | Project 409

주 소 | 서울특별시 마포구 백범로 35번지
전 화 | (02) 705-8212
팩 스 | (02) 705-8612

ISBN 978-89-7273-118-8 93000

값 12,000원